学生生活でやっておきたいこと

学就BOOK

改訂第5版

がくしゅうブック

日経HR編集部 編著

日経HR
NIKKEI HUMAN RESOURCES

学生生活カレンダー

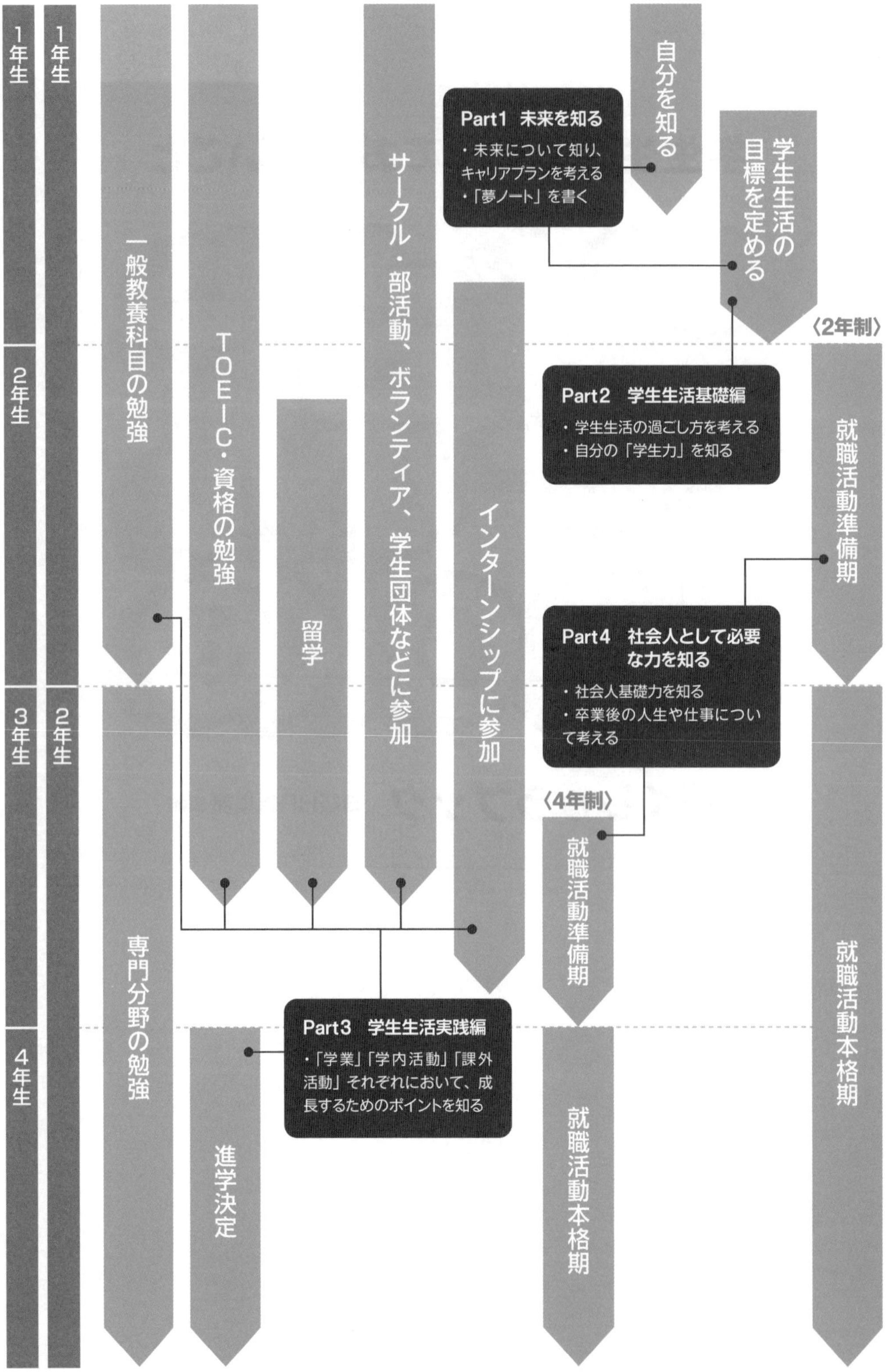
1年生
2年生
3年生
4年生
1年生
2年生
一般教養科目の勉強
専門分野の勉強
TOEIC・資格の勉強
進学決定
留学
サークル・部活動、ボランティア、学生団体などに参加
インターンシップに参加
自分を知る
学生生活の目標を定める
Part1　未来を知る
・未来について知り、キャリアプランを考える
・「夢ノート」を書く
Part2　学生生活基礎編
・学生生活の過ごし方を考える
・自分の「学生力」を知る
Part3　学生生活実践編
・「学業」「学内活動」「課外活動」それぞれにおいて、成長するためのポイントを知る
Part4　社会人として必要な力を知る
・社会人基礎力を知る
・卒業後の人生や仕事について考える
〈4年制〉
就職活動準備期
就職活動本格期
〈2年制〉
就職活動準備期
就職活動本格期

学生生活でやっておきたいこと

学就BOOK

改訂 第5版

Contents

■ マークの項目に掲載しているワークシート類は、弊社ウェブサイトよりPDFファイルをダウンロードできます。そのまま授業で配布し、活用できる仕様になっています。詳しいダウンロード方法については、奥付（144ページ）をご覧ください。
■ 本書の記述は、原則として2023年1月31日時点の情報に基づきます。
■ 原則として商標マーク等は省略しています。

プロローグ

「卒業後」を意識した学生生活を

本書は、「学」と「就」で「がくしゅう」と読みます。学校での学びから就職活動、卒業後の人生までを考えるのに必要な情報をまとめているという意味で「学」と「就」の二文字を当てはめました。

入学後、漫然と授業を受け、サークル活動をし、アルバイトに励んでいると、あっという間に就職活動の時期になってしまいます。でも、それぞれの活動に意義や目的を見いだしたうえで取り組むと、すべての活動は自分の糧となるでしょう。

また、就職を含めた卒業後の人生について、不安な人もいるでしょう。それを乗り越えるには不安を特定し、解決していくしかありません。就職が不安な人は、就職活動に関する知識を集め、何が不安で、どうすれば解消できるかを考えて、準備しておくことです。不安を行動によって解消できれば、将来への明るさや楽しみが増し、必ず成長につながります。

それでは、「卒業後」を意識し、意義や目的を持った学生生活を送るにはどうしたらいいでしょう。この『学就BOOK』では、そのためのヒントを掲載しています。本書を参考に、自分なりの目標やキャリア設計をし、充実した学生生活を送りましょう。

授　業

サークル

語学の勉強

インターンシップ

アルバイト

社会人として必要な力を知りましょう

学生生活の間に身に付けるべき力とは？

学生生活は、社会人として活躍できるようになるための準備期間。その間に、社会的に自立した人間としての行動基準や価値観、思考力を身に付けるなど、人間的に成長することが求められます。参考までに企業の期待する資質・能力・知識を見てみましょう。資質では、誰かから指示されたことをやるのではなく自ら考えて行動する「主体性」、能力では、担当している仕事を漫然と繰り返すのではなくさらに良くすることを考え・行動する「課題設定・解決能力」、知識では「文系・理系の枠を超えた知識・教養」が最も期待されていることが分かります。これ以外にも、さまざまな資質・能力・知識が期待されています。学生生活の中でいろいろな活動に取り組み、その経験の中で期待される資質・能力・知識を身に付けてください。

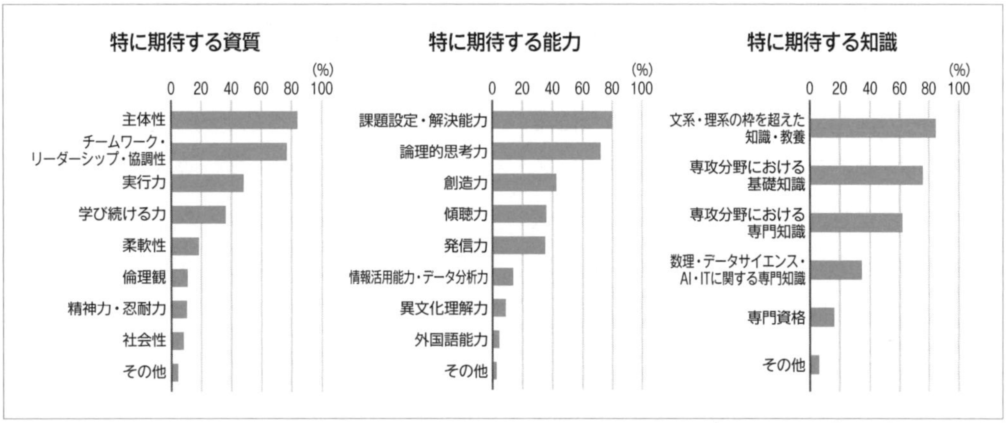

日本経済団体連合会「採用と大学改革への期待に関するアンケート結果」

グローバル人材としての教養も大事

今後は世界の人々と一緒に仕事をする機会が多くなります。そんなときに求められるのが、歴史や文化、宗教、政治といった一般教養の知識です。グローバル社会に参加するためには、日本の常識だけではなく、世界の常識を身に付けることも必要です。日々のニュースに関心を持ち、留学や海外旅行などを通して世界の国々の人々との交流を持つことが求められます。

社会人基礎力を身に付けましょう

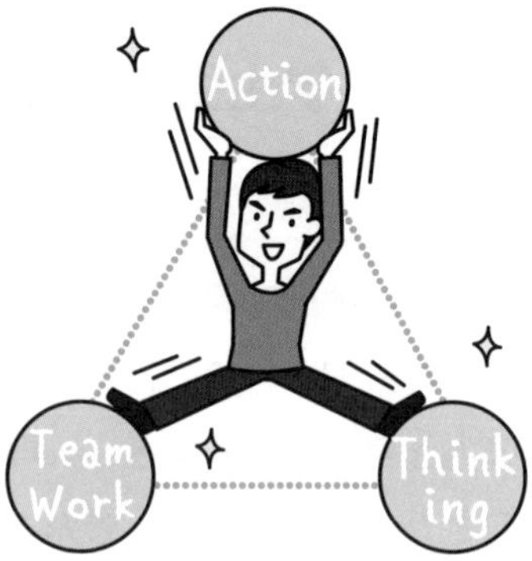

社会人基礎力とは、社会人として必要な力のことで、経済産業省が企業への調査などを基にまとめたものです。

「組織や地域社会のなかで多様な人々とともに仕事を行っていくうえで必要な基礎的な能力」と定義され、

「前に踏み出す力（アクション）」
「考え抜く力（シンキング）」
「チームで働く力（チームワーク）」

の３つの能力と、それを12の能力要素に細分化したもので構成されています。12の能力要素は「主体性」「実行力」「課題発見力」「規律性」などに分かれています。
※詳しくは10章で解説します。

目的を持って過ごし、充実した学生生活を

新卒時の採用では、中途採用のように業務スキルを測ることによって採用を決めることはできません。そのため企業が採用選考時に尋ねるのは、学生生活で取り組んだことに関する質問が中心です。そのなかから、業務で生かせる潜在能力（ポテンシャル）の有無や適性を判断し、採否を決めるのです。

例えば「学生生活で力を入れたこと」「困難を乗り越えた経験」……入学以降何にも取り組まず、経験を積んでこなかった学生はなかなか答えることができないでしょう。しかし、目的意識を持ってさまざまなことに取り組み、経験を通して社会人として働いていく力を身に付けてきた学生であれば、明確に答えられるはず。「いかに充実した学生生活を送ってきたか」が問われる、といえます。

ですから、１年生のうちから目的意識を持ってさまざまなことに取り組み、自分の得意なことを見つけ、それを強化して長所や強みにしたいものです。

Point!

→ 社会人になることを意識して
学生生活を過ごすことが大事

自分の将来に目標を持ちましょう

働く理由を持たないと……？

社会人として働くことや、自分の将来に、目標を持つことも大切です。

なぜなら、働く理由が明確になっていないと、せっかく入社した企業をすぐ辞めてしまう、ということもあるからです。いわゆる「就職のミスマッチ」です。実際、大卒1年目の離職率は12%前後、入社3年以内の離職率は30%前後にものぼり、決して低くはありません。ただ、自分が就職した理由や働く理由を思い出せれば、ちょっとした苦労に耐えられたり、やりがいや楽しさを見いだして、離職せずに仕事を続けられることもあるでしょう。

また、働く理由が明確になっていないと、そもそも就職活動を続けるモチベーションを維持できなくなってしまう場合もあります。

働く理由としては、「生活のため」など目先の目的ではなく、目標や夢を持つように考えたいもの。仕事を通して何を実現したいのか、何を目指すのか。学生のうちから少しずつ意識しましょう。

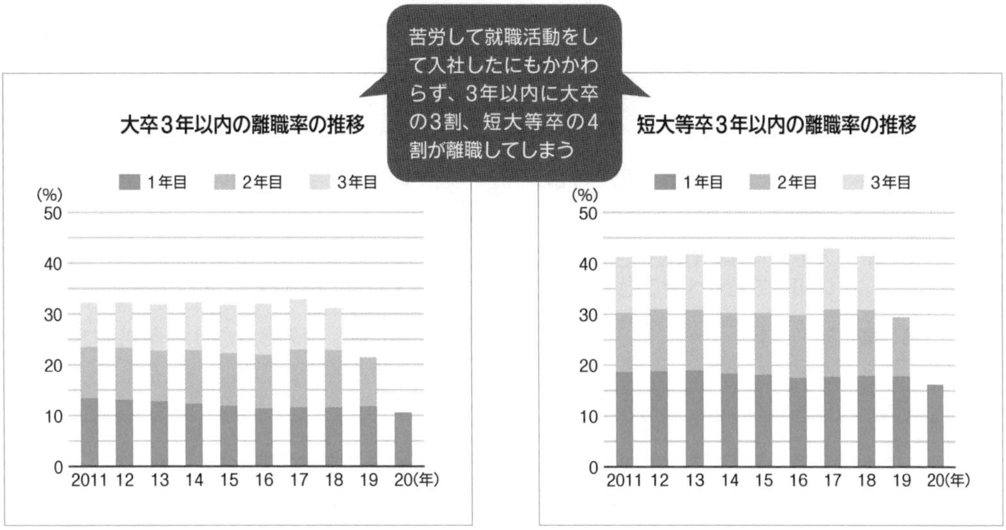

厚生労働省調べ

Point!

→ 仕事や自分の将来に
目標を見つけることが大事

未来の社会について知りましょう

なぜ未来を学ぶのか？

目標を決めるに当たっては、未来の世の中を知ることも大切です。すでに日本は少子高齢化による人口減少社会に入っています。また、人工知能（AI）やロボットの発達、新型コロナウイルス禍をきっかけに働き方が変わり始めました。今後は従来とは異なる生き方や働き方に変わるでしょう。未来の日本と世界の状況について理解を深めれば、より現実味のあるキャリアプランを立てやすくなるでしょう。

本書の構成

本書には、目標や夢、具体的なキャリアプランを持つために必要なさまざまな情報やヒントが詰まっています。入学当初には、将来の夢を具体的にイメージできる人は少ないかもしれませんが、それでも構いません。充実した学生生活を送るための参考

Part 1　未来を知る

- 自分が生きる未来の社会を知り、それをふまえて、“逆算”の視点も入れながらキャリアプランを描きましょう。

Part 2　学生生活基礎編

- 先輩学生のアンケート結果や、説得力あるコメントから、学生時代の過ごし方のポイントを学びましょう。
- 自分の「学生力」を把握することができます。

多様な世の中で生きていくために

これからの日本は、今よりも多くの女性や高齢者、障がいを持った人、海外の人材が働き、活躍する世の中になるでしょう。当然、さまざまなバックグラウンドを持った人々と協働しなければなりません。そのためには、文化や生活、考え方など互いの違いを理解し尊重し合う、多様性（ダイバーシティ）への理解も必要になります。

高校までは、似たような考えや価値観を持つ集団の中で行動することが多かったでしょう。これからの学習環境は、多様な人材が集まっていることが多くなり、学外の学生や社会人との接点も増えるはずです。ぜひ多くの人に接し、多くのことにチャレンジし、自分の見識を広げていってください。これから始まる学生生活の過ごし方が、皆さんの成長に大きな役割を果たします。

書として本書を活用しながら、将来の夢などを徐々にイメージしていってください。

皆さんが目標やキャリアプランを立てやすいように、本書は以下の4部構成をとっています。

Part 3
学生生活実践編

第7章　成長する学生生活の送り方【学業編】
第8章　成長する学生生活の送り方【学内活動編】
第9章　成長する学生生活の送り方【課外活動編】

■ より具体的に、学生生活の各場面で、成長できる取り組み方を学びましょう。

Part 4
社会人として必要な力を知る

第10章　学生生活で磨く人生100年時代の社会人基礎力
第11章　就活と働き方、企業を知って不安をなくそう

■ 社会人基礎力診断で、自分の強みと弱みを把握しましょう。
■ 就職活動について、基本的な仕組みを理解しましょう。

まず第1章では、皆さんが社会で中心となって働いている2030年の世の中について、具体的に理解を深めましょう。

第1章

Part 1 未来を知る

人口減少、高齢社会、アジアの台頭…

将来の日本・世界を見てみよう！

まず、大きな視点から皆さんの将来を考えてみよう。時期は2030年。皆さんが社会人になり、家庭を持つ人も出ている頃だ。そのとき、日本や世界はどのように変わっているのだろうか？

2030年 日本編

人口　2053年には1億人を割る

日本は、すでに人口減少社会に入っている。世界でどこの国もこれまで経験したことのない、人口が減り続ける社会、それが今の日本なのだ。13ページの「世代別人口比と高齢化率」のグラフを見てみよう。日本の人口は2022年の1億2512万人から、2030年には1億1913万人へと599万人減少する。兵庫県の人口540万人を超える人数がいなくなるのだ。そして2053年には1億人を割り、9924万人になると予測されている。

高齢化　2036年に3人に1人が65歳以上

人口減少に反して増えるのが65歳以上の高齢者の割合だ。13ページの折れ線グラフを見てほしい。65歳以上の高齢者の占める割合である「高齢化率」を示している。高齢化率は2022年の29.0％から、2030年の31.2%を経て、2036年には33.3%と国民の3人に1人が高齢者となり、2065年に38.4%のピークを迎える見通しだ。

超高齢社会になると、年金、医療費などの社会保障給付費が増大する。2018年度の121兆3000億円が、2025年度は140兆6000億円、2040年度は190兆円へと膨らむ見通し。この社会保障費を支えるのが仕事をする現役世代だ。ここで労働力人口（15歳以上の就業者と求職者の合計）という数字を紹介しよう。労働力人口は2020年の6868万人から2030年6080万人、2040年5459万人にまで減る（労働政策研究・研修機構「労働力需給の推計」)。この労働力人口を65歳以上の高齢者数で割ると、高齢者1人を支える労働者数は、2020年が1.91人、2030年は1.64人、2040年は1.39人となり、現役世代の負担が増えることになる。

◆世代別人口比と高齢化率（推計含む）

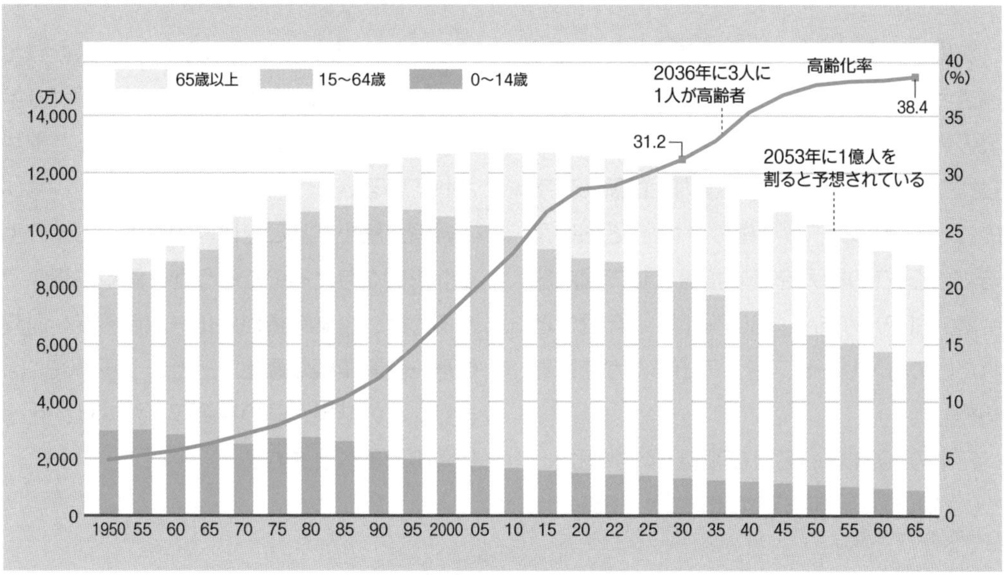

厚生労働省「令和4年版高齢社会白書」／2022年は総務省「人口推計（2022年7月1日確定値）」

◆社会保障給付費の将来推計

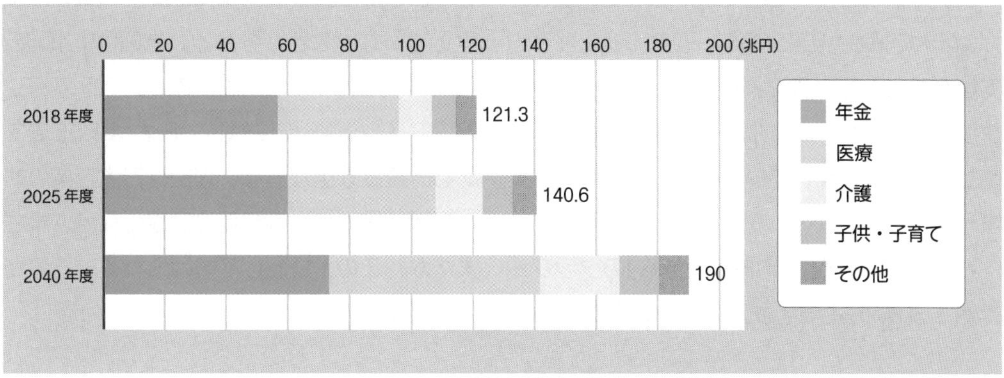

内閣官房・内閣府・財務省・厚生労働省「2040年を見据えた社会保障の将来見通し」

※上記は労働力人口を65歳以上の高齢者数（2030年はともに推計）で割った数値です。

経済　GDPは2030年にインドに抜かれ4位に

次に、人口が減ると何が問題なのかを見てみよう。人口減少は、先に説明した「現役世代の負担増」のほか、経済全体の縮小、つまり「国力の低下」に通じる。国力とは読んで字のごとく「国の力」で、「国の豊かさ」ともいえるだろう。この国力を表す指標として国内総生産（GDP）がある。GDPとは、1年間でどれだけの財・サービスを生み出したかを測る指標だ。

日本の2021年の名目GDPは541兆円だった。GDPは2009年までは米国に次ぐ2位だったが、2010年に中国に抜かれ3位となった。2030年にはインドに抜かれて4位、2050年にはブラジルにも抜かれて5位になると予測されている。

経済が縮小することは、国民生活にどのような影響を与えるのだろうか。簡単に想像できるのは、企業業績が悪化→雇用不安→消費低迷→企業業績が悪化……という悪循環にはまり、その結果、国の税金収入が減り、社会保障の低下へと進む。

賃金　給料が上がらない日本

経済の縮小と合わせて問題になっているのが、日本の賃金がここ30年、ほとんど上がっていないことだ。2022年のロシアによるウクライナ侵攻後、エネルギーや食料価格が高騰し、賃金が上昇していないことに注目が集まった。

右ページにある「平均賃金の推移」のグラフで過去30年の主要7カ国の平均賃金を見ると、日本はイタリア同様にほとんど賃金が上昇していないことが分かる。米国は1.49倍、英国1.48倍、カナダ1.36倍、フランス1.32倍、ドイツ1.26倍に対し、日本は1.05倍である。賃金が上がらない理由は日本企業の終身雇用制度や、労働市場の硬直化などさまざまだが、その1つとして挙げられているのが労働生産性の低さだ。

労働生産性を高めて賃金上昇

労働生産性とは、労働者1人がどれだけの生産量（付加価値）を生み出しているかを測る指標で、数式「労働生産性＝GDP（付加価値）÷就業者数」で表す。右ページにあるグラフを見ると、日本の1人当たり労働生産性は81,510ドルで、経済協力開発機構（OECD）加盟38カ国中29位に沈んでいる。1位のアイルランドと比べると3分の1程度で、4位の米国の半分近くの水準だ。

労働生産性が低い理由として、IT化の遅れや高付加価値の製品を生み出せないこと、雇用制度などが挙げられるが、これらを改善していけば労働生産性は高まる。そして、労働生産性が高まれば企業の業績が良くなり、賃金は上昇し、人口が減ってもGDPは増えることになる。何もしなければ衰退し続けるが、個人も国も改革を進めれば、小さくても元気のある国として輝き続けるだろう。

◆GDP世界ランキング

2010年		
1	米国	13,800
2	中国	7,996
3	日本	4,085
4	インド	3,493
5	ドイツ	2,800
6	イギリス	2,087
7	フランス	2,025
8	ロシア	1,941
9	ブラジル	1,897
10	イタリア	1,708
2030年		
1	中国	19,675
2	米国	18,202
3	インド	8,584
4	日本	4,141
5	ブラジル	3,014
6	ロシア	2,983
7	ドイツ	2,965
8	イギリス	2,619
9	フランス	2,444
10	メキシコ	1,969
2050年		
1	中国	24,497
2	米国	24,004
3	インド	14,406
4	ブラジル	3,841
5	日本	3,546
6	ロシア	3,466
7	イギリス	3,229
8	ドイツ	3,080
9	フランス	3,022
10	インドネシア	2,687

日本経済団体連合会 21世紀政策研究所「グローバルJAPAN」より
※単位10億PPPドル、経済成長が「失われた20年」のままの場合

◆平均賃金の推移

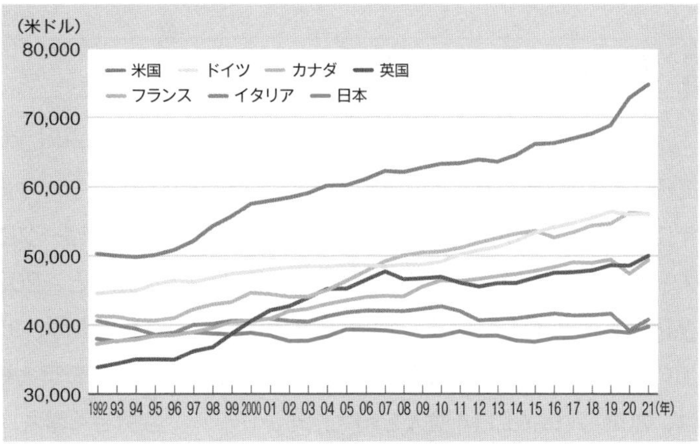

購買力平価(PPP)米ドル、OECD「Average wage」

◆OECD加盟国の１人当たり労働生産性(2021年)

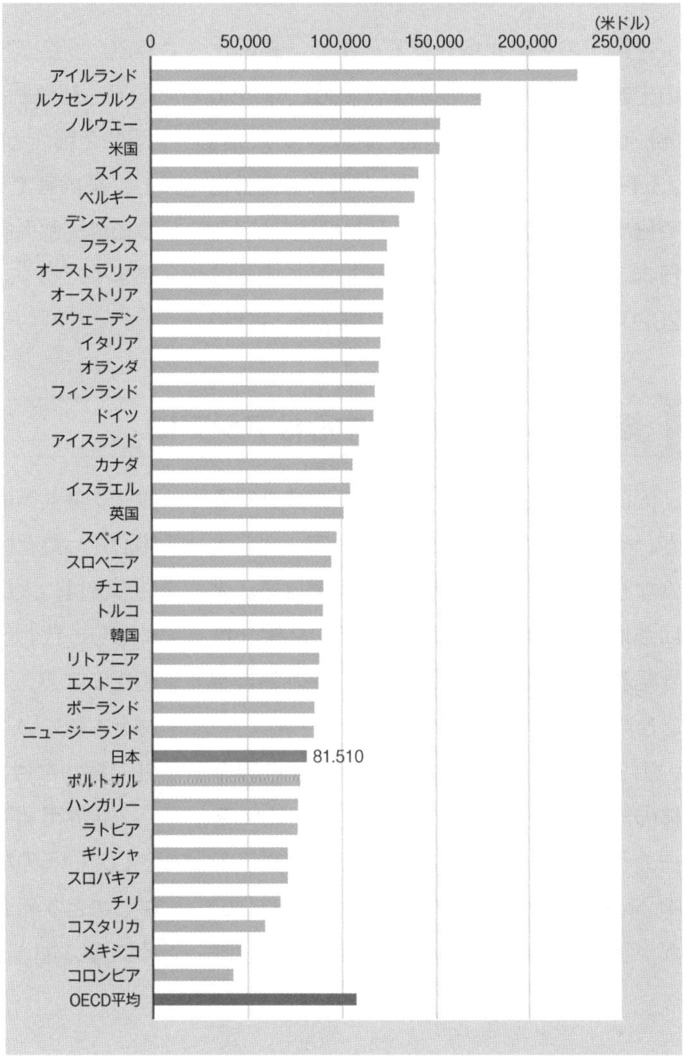

購買力平価(PPP)米ドル、日本生産性本部「労働生産性の国際比較2022」

2030年 世界編

人口問題　2030年には85億人！

次は世界に目を転じる。まずは人口から見てみよう。国連によると世界の人口は2022年に80億人を超えたが、2030年には85億人、2040年91億人、2059年に100億人を超えると予測している。世界の人口は増加の一途をたどっているのである。国別では、2021年に人口14億人を超えたインドが2023年中に中国を抜き世界一になると見られている。中国は2022年の推計14億2592万人をピークに減少に転じる。地域別に人口を見ると、2022年にはアジア地域が全体の6割を占め、アフリカ、欧州、中南米、北米、オセアニアと続く。今後はアジア、アフリカが大きく増え、欧州は減少する。

高齢化　先進国が日本を追随

主要国の高齢化率を見てみよう。高齢化の先頭を走っているのは日本（2020年28.6%）で、国連の推計によると、イタリア（同23.4%）、ドイツ（同22.0%）が続く。高齢化で日本が先頭を行くことに変わりはないが、日本以外の国でも高齢化は進む。特に中国は2020年の12.6%から2030年18.2%、2050年30.1%と急速に高齢化が進み、他の先進国でも超高齢社会が到来する。50年に人口13億を超える中国で高齢化率が30%になると、高齢者だけで4億人近くなってしまう。今後は高齢者向けのサービスや商品の需要が高まるだろう。

経済①　世界経済の中心はアジアに

人口減少によって日本のGDPは減少するが、インドをはじめ、インドネシア、ベトナムなど、アジア各国の人口は増え続ける。人口が増えればGDPも増加し、その結果、世界経済におけるアジア地域の存在感が高まることになる。

アジア地域のGDPは2009年には世界全体の約25%だったが、2030年には40%を占めるまでに拡大する。アジアが世界経済の中心になることに驚く人もいるかもしれないが、OECDによると過去1000年間のGDPは第二次産業革命（1860年代）まではアジアが中心だったという。

今後は、人口の減る日本ではモノが売れなくなり、代わってアジア各国でモノが売れる時代になる。近年、日本企業はグローバル人材を求めているといわれる。日本ではなく海外で稼がなければ企業は生き残れないために、世界市場で活躍できる若者を採用しようとしているのだ。皆さんの中からもアジアをはじめとする海外の国々で働く人たちが増えるに違いない。

◆世界人口の推移

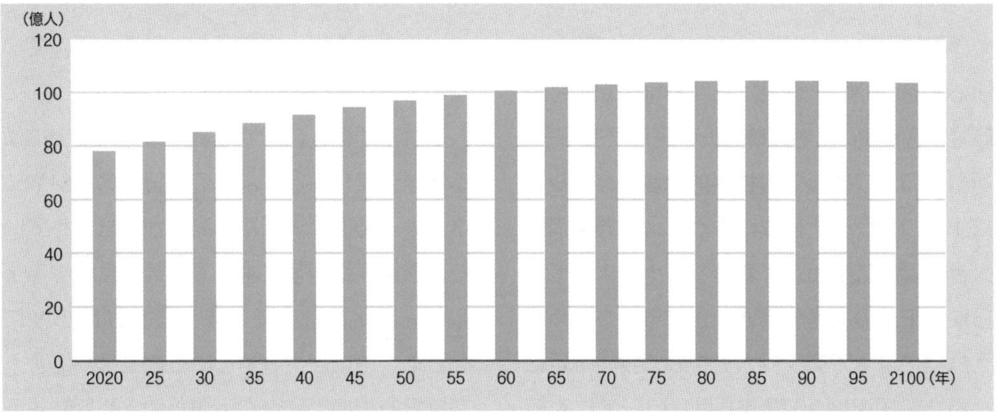

国連「World Population Prospects 2022」

◆地域別の人口予測

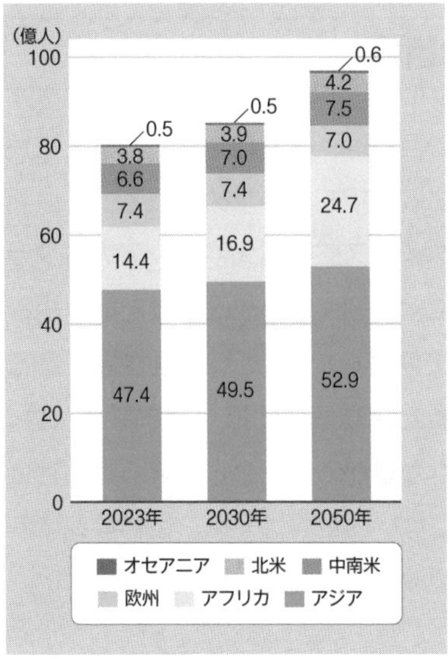

国連「World Population Prospects 2022」

◆世界の高齢化率

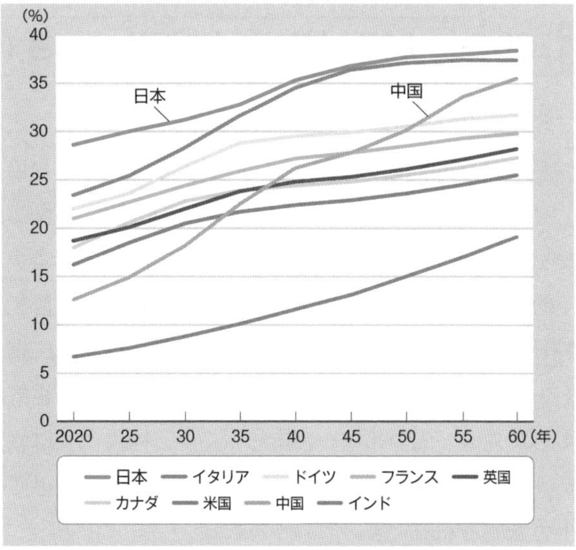

国連「World Population Prospects 2022」／内閣府「令和４年版高齢社会白書」

◆GDP占有率

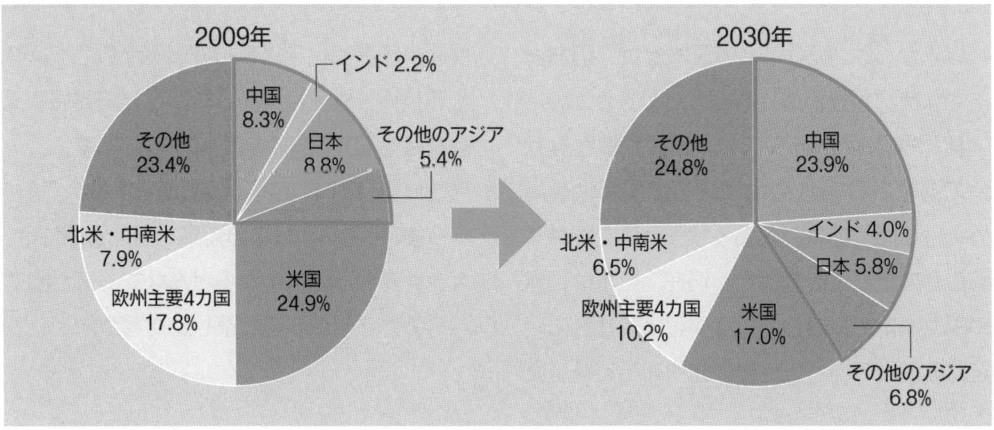

IMF「World Economic Outlook Database」／内閣府「世界経済の潮流 2010年Ⅰ」

経済② ウクライナ危機で食料・エネルギー不足に

予測不可能なVUCA（Volatility＝変動性、Uncertainty＝不確実性、Complexity＝複雑性、Ambiguity＝曖昧性）の時代である今、新型コロナウイルスの世界的な流行、ロシアによるウクライナ侵攻によって、世界経済は大きな混乱に陥った。新型コロナによってあらゆるモノの生産や流通が止まり、ウクライナ危機によってアフリカを中心に食料不足になった。国連は2022年6月、ロシアによるウクライナ侵攻によって94カ国16億人が食料、エネルギー等で深刻な影響を受けていると報告した。

これまでは人口増や温室効果ガス排出による地球温暖化などによって、将来の食料やエネルギーの不足・価格の高騰が懸念されていた。感染症や紛争によって一気に食料やエネルギー不足になってしまうことが明らかになった。感染症や戦争といったリスクによって世界的規模で政治や経済が大きく変動する時代になっている。

SDGs 2030年に向けて解決すべき17の目標

SDGs（Sustainable Development Goals：持続可能な開発目標）は、2030年までに取り組む世界的な目標で、2015年9月の国連総会で採択された。「誰も置き去りにしない」を理念に、経済発展と環境保護を両立させた持続可能な世界の実現を目指す。17の目標（ゴール）である、貧困や飢餓の撲滅、気候変動への対策、エネルギー、まちづくり、社会の平等、平和など、具体的な169のターゲットが設定されている。

これらの目標は、国や自治体、企業、市民が自主的に取り組むよう求められている。新型コロナウイルス感染拡大やロシアのウクライナ侵攻によりSDGs達成に向けた取り組みは世界的に停滞した。ただし、全世界でここに掲げられた課題解決に取り組まなければ、世界の人々が豊かで、安心して暮らせる社会はやってこない。世界は今後、目標達成に向けて取り組みを加速させなければならない。

日本の技術・サービスが生きる時代

以上から、2030年頃の日本と世界のおおまかな状況が分かってもらえただろうか。

【日本編】14ページでは、日本が豊かな社会であり続けるためには、労働生産性を高め、付加価値の高い商品・サービスを提供することの重要性を説いた。現在、日本は世界の国々がまだ経験していない超高齢社会に足を踏み入れている。世界の先頭を走る経済発展、少子高齢化を経験しているからこそ、持てる技術・サービスを、後から経済発展や高齢社会を迎える国々に輸出することで、1人当たりのGDPを上げることができる。

今後、皆さんが将来の仕事を考える際には、大きく変わる世の中からどんなニーズが出てくるのかを想像すると楽しいだろう。

◆食料需要の見通し

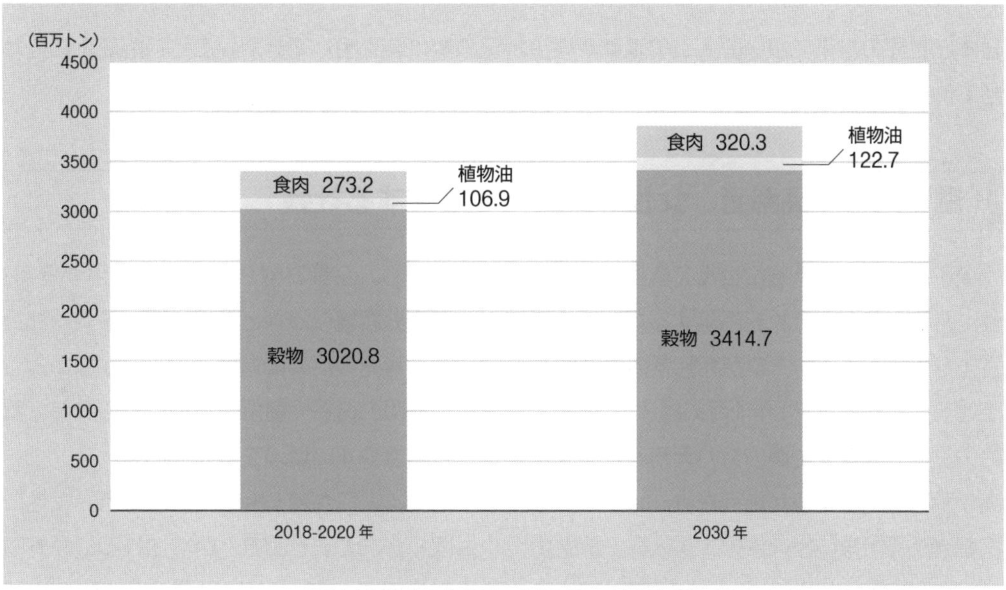

農林水産政策研究所「2030年における世界の食料需給見通し」「2031年における世界の食料需給の見通し」
※穀物は小麦、とうもろこし、米、大豆、その他粗粒穀物の合計、植物油は大豆油、菜種油、ひまわり油の合計、食肉は牛肉、豚肉、鶏肉の合計

◆SDGsの17の目標

2030年 これからの働き方

日本と世界の未来について人口の増減や経済状況の変化を説明してきた。こうした変化に合わせて働き方も変わってくる。これからの働き方を見てみよう。

働き方① 高齢者、女性、外国人が活躍する社会

少子高齢化による現役世代の負担増の可能性に言及したが、それを回避するためにさまざまな施策が進む。1つが高齢者の就業率を上げることだ。2021年4月には、70歳までの労働機会確保を企業の努力義務とする改正高年齢者雇用安定法が施行され、定年延長や高齢者の雇用継続が進みつつある。厚生労働省の「2022年の就労条件総合調査」によると、従業員に一律の定年制を設けている企業のうち、定年を65歳以上としている企業の割合は24.5%と、2017年調査から6.7ポイント上昇している。

「M字カーブ」という言葉を知っているだろうか。右ページ「女性の年齢別就業率」グラフに見る日本の曲線のように、20歳代後半から30歳代にかけて女性の就業率が落ちて「M」のようなカーブを描いていることをいう。2016年には国が女性活躍推進法を施行し、企業に対して女性の活用や登用、出産後の職場復帰などを求めている。さらに、出産や育児のために退職することがないように保育園の待機児童解消に取り組むなど、女性が働きやすい環境を整えている。

ただ、人口が減る社会では高齢者、女性にも限りがある。そこで、期待されるのが外国人労働者だ。2019年には最長5年間の在留や家族の帯同を認める特定技能制度を始め、外国人が来日しやすい環境を整えつつある。国際協力機構（JICA）は日本で働く外国人労働者数が、2020年の172万人から2030年には356万人、40年には632万人に達すると推計している。

これまで就業機会の少なかった女性や高齢者の就労を促し、外国人労働者をさらに受け入れることによって少子高齢社会を乗り切ろうとしている。

働き方② 単純作業はコンピューター・ロボットに

働く人が減って、縮小する経済にストップをかけるには、働く人を増やすだけでなく生産性を上げる必要もある。現在、急速に普及しているのが、RPA（ロボティック・プロセス・オートメーション）という、定型業務を自動化するソフトウエアロボットだ。RPAを導入すると、これまで人が担当してきた、PCでの入力作業や伝票処理などの業務をソフトが手順を覚えて処理できるようになる。

RPAの導入で大幅に作業時間を減らすことに成功したのが三井住友銀行。同行は2017年4月からRPAの導入を始め、2019年9月末までの2年半で累計290万時間、1450人分の業務が減ったという。定型業務をしなくて済むようになった行員は、より付加価値の高い仕事に取り組めるようになった。RPAの導入はメガバンクで進み、新卒の採用数を大幅に減らしている。

◆年齢階級別労働力率の実績と見通し（労働参加進展シナリオ）

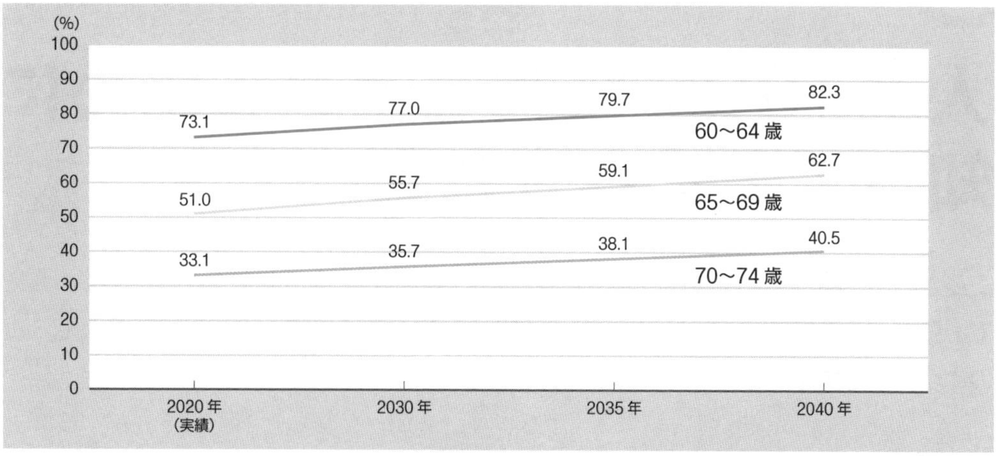

2020 年の 60-64 歳は総務省「労働力調査」、65-69 歳、70-74 歳は内閣府「令和３年版高齢社会白書」、
2030 年以降は労働政策研究・研修機構「労働力需給の推計―労働力需給モデル（2018 年度版）による将来推計―」

◆女性の年齢別就業率（2020年）

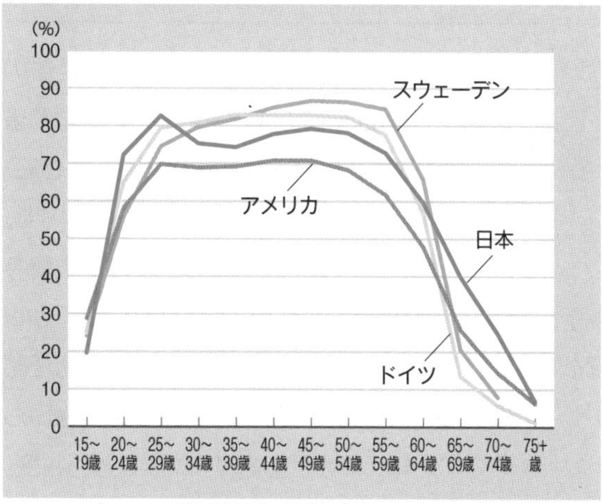

労働政策研究・研修機構「データブック国際労働比較2022」

◆外国人労働供給ポテンシャルの推計（現行シナリオ）

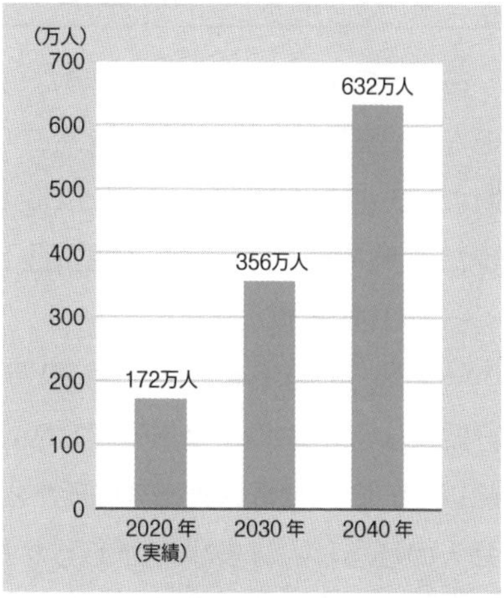

国際協力機構「2030/40年の外国人との
共生社会の実現に向けた調査・研究報告書」

◆メガバンク採用計画数の推移

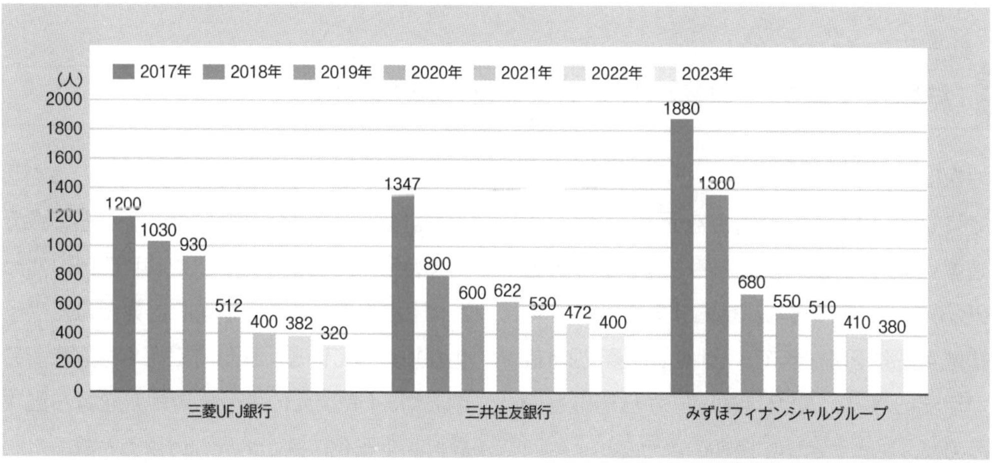

日本経済新聞「採用計画調査」より作成

第2章

Part 1 未来を知る

年収、仕事、結婚、老後…

人生100年時代を生きるために知っておくべきこと

ここからは、皆さんが卒業後の人生を具体的に思い描けるような情報を提供する。人生で必要なお金の額を知ったり、仕事への向き合い方を考えるきっかけとすることで、どのように学生生活を過ごしていくか、計画を立てやすくなるはずだ。

最低いくらあれば生活できるのか？

卒業後の生活を考える際、重要なのがお金。そんなに贅沢な暮らしでなくてもいいが、それなりの生活は送りたいと思っている人は多いだろう。では、「それなりの生活」には、いくらあればいいのだろうか。

一人暮らしなら最低でも月20万1062円必要になる。これは総務省の「家計調査」の34歳以下の勤労世帯の支出なので、20代の社会人の暮らしとは多少差があるかもしれない。また、全国平均なので東京23区内に住むことになれば、家賃だけで最低2万円以上増えてしまう。

20万1062円の支出に対して新入社員の平均初任給はいくらなのか？　厚生労働省の「令和3年賃金構造基本統計調査（初任給）の概況」によると、大卒は22万5400円で、2万4000円ほど余る。新入社員の夏季賞与の平均支給額は8万9334円（高卒7万3848円、産労総合研究所「2022年度決定初任給調査」）、冬の賞与に関する調査結果がないものの、月給の2カ月分とすれば40万円程度。月の生活費を給与で賄えれば、賞与分で旅行などを楽しんだり、貯金したりすることができるだろう。

結婚・子育て。男性の5人に1人は結婚しない

次に結婚について考えてみよう。50歳までに結婚しない人の割合を示す50歳時未婚率は、年々上昇しており2020年で男性28.3%、女性17.8%。結婚するなら、平均初婚年齢は2021年で夫31.0歳、妻29.5歳が目安になる。7、8年働いてから結婚というのが、ちょうどいい時期のようだ。

続いて、子どもの誕生についてはどうだろうか。1人の女性が生涯に産む子どもの数である合計特殊出生率は、2021年で1.30だったが22年はさらに低下すると見られ、少子化が加速している。国は「こども家庭庁」の創設や、「異次元の少子化対策」を打ち出すなど、少子化に歯止めをかけようと懸命だ。

◆生活費

大卒新入社員１カ月の収支(円)

収入（初任給）		225,400
消費支出	食費	35,801
	住居	34,913
	光熱・水道	7,655
	家具・家事用品	7,050
	被服及び履物	6,604
	保健医療	4,718
	交通・通信	20,068
	教養娯楽	18,697
	その他の消費支出	20,476
非消費支出		45,080
支出計		201,062
繰越金（収入ー支出）		24,338

初任給は厚生労働省「令和３年賃金構造基本統計調査の概況」の大卒初任給
消費支出は総務省「家計調査2021年平均」の単身(勤労)世帯34歳以下の数値
※非消費支出は税金と社会保険料で、収入の２割で計算

初任給(円)

大学院修了	253,500
大学卒	225,400
高専・短大卒	199,800
専門卒	206,900
高校卒	179,700

厚生労働省「令和３年賃金構造基本統計調査の概況」

東京都の住居費(円)

千代田区	high 103,000
葛飾区	low 56,000

不動産・住宅情報サイト「SUUMO」(2023年１月時点)

◆50歳時未婚率の推移

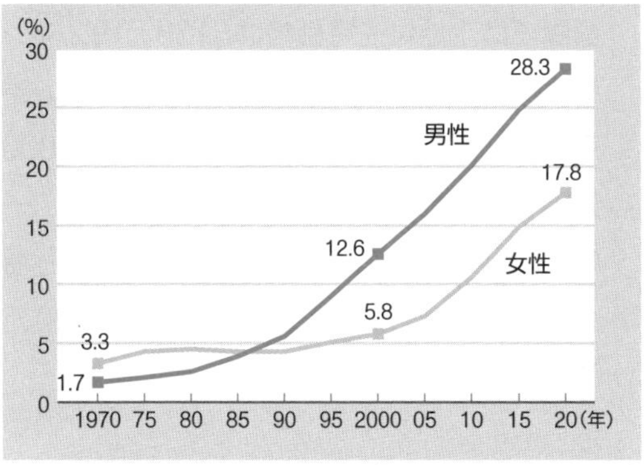

国立社会保障・人口問題研究所「人口統計資料集 2022年版」

◆平均初婚年齢(2021年)

厚生労働省「人口動態調査」

◆合計特殊出生率の推移

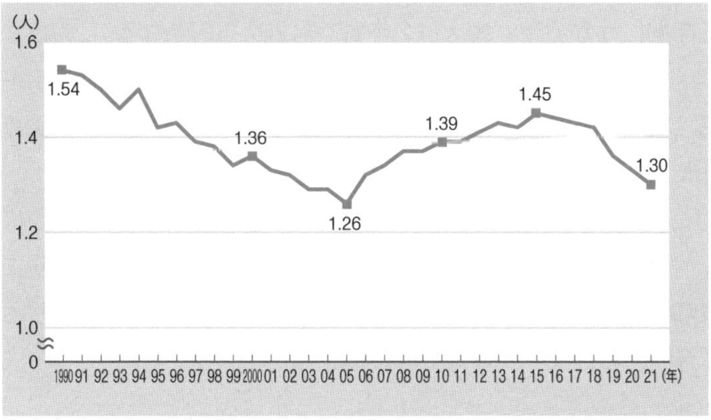

厚生労働省「人口動態調査」

結婚して生活するには

結婚して家族を持つと生活費はどのくらい必要なのだろうか。具体的な生活費を見てみよう。総務省の家計調査によると、右の表にあるように2人以上の勤労者世帯（34歳以下）の1カ月の生活費は月36万2495円になる。収入は夫婦共働きなら、男性29万500円、女性24万 8500円の計53万9000円(厚生労働省「令和3年賃金構造基本統計調査」、30 ～ 34歳）で、月に17万円ほど余裕のある結婚生活が送れる。

賞与を含めた平均年収は25 ～ 29歳の男性404万円、女性371万円、30 ～ 34歳の男性472万円、女性413万円（国税庁「民間給与実態統計調査」）となる。先ほどの1カ月の生活費約36万円×12カ月＝432万円なので、30 ～ 34歳の年収があれば、賄える計算だ。ただし、住宅購入や子供の教育費、ゆとりのある生活、将来への備えなどを求めるなら、夫婦共働きでの生活設計を考えた方がいいだろう。

住宅購入費は4500万円以上！

子どもが増え、成長し、家も手狭になってきたときに考えるのが住宅購入だ。国勢調査によると、「持ち家」に住んでいる世帯は全国平均で61.2%。都道府県別の持ち家比率は最高が秋田県の77.3%、最低は東京都の45.0%。親と同居するなら住居購入費はかからないが、自分で家を建てる、もしくはマンションを購入するとなると多額の資金が必要になってくる。

住宅購入費の全国平均は土地付注文住宅が4455万円、マンションが4528万円。首都圏では土地付住宅価格は5133万円、マンションは4913万円となる。2021年度の東京23区の新築マンション価格は平均8000万円を超えた。住宅ローンを借りるなら、一般的に借入金額は年収の5倍前後が目安と言われる。4000万円を借りるなら年収800万円はあったほうがいいだろう。

親に感謝！ 大学までの教育、全て私立なら2000万円超

子どもの成長と共に必要になるのが教育費。幼稚園から高校までの15年間にかかる教育費(塾などの費用も含む)は、すべて公立に通った場合では約577万円、すべて私立に通った場合には約1840万円にもなる。皆さんの教育費として、ご両親はこれだけのお金をすでに支払っているのだ。

さらに大学に進学すると4年間の学費は、国立約243万円、公立約254万円、私立文系約408万円、私立理系約551万円、私立短大は2年間で約202万円となる。このほかにも、通学費、教科書代、通信費など、自宅通学で月平均6万円かかっているという調査結果もある。

皆さんが保護者になった時には同じように負担することになるだろう。ぜひ、ご両親に感謝の気持ちを伝え、授業に出てしっかりと学んでほしい。

◆２人以上の勤労者世帯の1カ月間の支出(円)

収入	男性	290,500
	女性	248,500
消費支出	食費	61,807
	住居	29,871
	光熱・水道	17,499
	家具・家事用品	11,995
	被服及び履物	10,181
	保健医療	12,673
	交通・通信	39,158
	教育	4,612
	教養娯楽	23,750
	その他の消費支出	43,149
非消費支出		107,800
支出計		362,495
繰越金(収入ー支出)		176,505

収入は厚生労働省「令和３年賃金構造基本統計調査」の30～34歳の数値
総務省「家計調査2021年平均」の二人以上世帯34歳以下の数値(世帯主の年齢30.9歳、世帯人員3.31人)
※非消費支出は税金と社会保険料で、収入の２割で計算

◆平均初婚年齢前後の平均年収

	25～29歳	30～34歳
男 性	404万円	472万円
女 性	371万円	413万円

国税庁「令和３年分 民間給与実態統計調査」

◆住宅購入費(円)

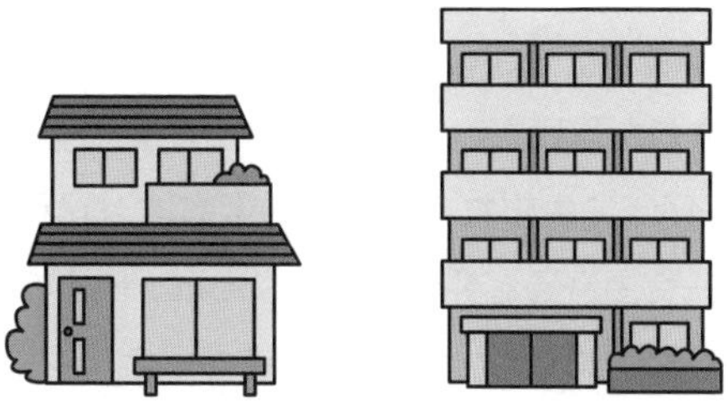

土地付注文住宅		マンション
4455万円	全国	4528万円
5133万円	首都圏	4913万円

住宅金融支援機構「2021年度フラット35利用者調査」

◆幼稚園から高等学校までの学習費(円)

公立		私立
495,378	幼稚園	926,727
2,115,396	小学校	10,001,694
1,616,397	中学校	4,309,059
1,538,913	高等学校	3,163,332
5,766,084	合計	18,400,812

文部科学省「令和３年度子供の学習費調査」より作成
※学習費とは授業料等の「学校教育費」と「学校給食費」、塾費・校外活動費等の「学校外活動費」の合計

◆大学４年間の納付金(円)

	国立大学	公立大学	私立文系	私立理系	私立短大
入学料	282,000	391,305	225,651	251,029	237,615
授業料	2,143,200	2,145,452	3,260,276	4,544,296	1,446,736
施設設備費	―	―	593,088	716,636	333,206
合 計	2,425,200	2,536,757	4,079,015	5,511,961	2,017,557

文部科学省「国公私立大学の授業料等の推移」／「令和３年度 私立大学入学者に係る初年度学生納付金 平均額(定員１人当たり)の調査結果について」より作成

人生100年時代―学び続ける世の中に

20歳前後の皆さんに40年後、50年後のことを考えようとは言わないが、卒業後の人生を送るにあたり知っておいたほうがいいことを説明する。

まず、「人生100年時代」という言葉を知っているだろうか？　これは、英ロンドン・ビジネススクールのリンダ・グラットン教授の著書『LIFE SHIFT（ライフ・シフト）』で提言された言葉だ。海外の研究機関が、日本で2007年に生まれた子どもの半数は107歳より長く生きると発表した。なんと、皆さんの多くが100歳以上の人生を送ることになる。これが人生100年時代だ

寿命が延びて働く期間が長くなるこれからの時代には、これまでのように「60歳や65歳で定年して余生（40年以上）を過ごす」などという生き方ではなくなる。寿命が延びて、日常生活に支障がなく行動できる健康寿命も長くなれば、80歳以上でも働ける、働く意欲のある人が大勢いるということなのだ。

そんな人生100年時代をどう生きればいいのだろうか？ リンダ・グラットン教授は、「マルチステージ」という生き方が大切になると説く。これまでは人生を「教育」「仕事」「引退」という3つのステージで見ていたが、これからは新たな学びを繰り返しながら新しい仕事に挑戦する「マルチステージ」という人生に変わるという。つまり、人生のさまざまなステージで学び直しや勤労（会社員、起業家、副業、フリー）、ボランティアなどを繰り返す生き方、考え方が必要になる。これが人生100年時代の生き方なのだ。

豊かな人生100年時代を過ごすために―働く目的と学び

学びと働くことを繰り返しながら長期間働く人生では、自ら学び、働く姿勢が求められる。内閣府の「国民生活に関する世論調査」の「働く目的は何か」への回答を年齢別に見ると、18～29歳は「お金を得るため」（75.4%）が最も多く、50代まで「お金」が7割を超えている。ところが、60代は「お金」が6割弱になり、70歳以上は3割台にまで落ちる。代わって「生きがいをみつけるため」が60代15.4%、70歳以上27.1%にまで上昇する。生活するためにお金を稼ぐことは当然だが、豊かな人生を送るには、仕事をすることによって得られる喜びや達成感、社会貢献など、お金以外の目的も持つようにしよう。

また、働くと同時に学び続けることも重要だ。内閣府の「生涯学習に関する世論調査」では、「1年間で月1日以上どのようなことを学習したか？」を聞いている。最も多いのは「仕事に必要な知識・技能や資格」だった。やはり仕事で必要なことを学ぶ姿勢を持っている人は多い。ただ、年齢が上がるにつれて仕事に関して学ぶ人が減り、「学習していない」人が増える傾向にある。過去の経験だけで働き続けることは難しい。長く働くためには、新たな知識や技術を身に付ける必要があるだろう。卒業しても学び続ける習慣を身に付けるようにしよう。

◆マルチステージ

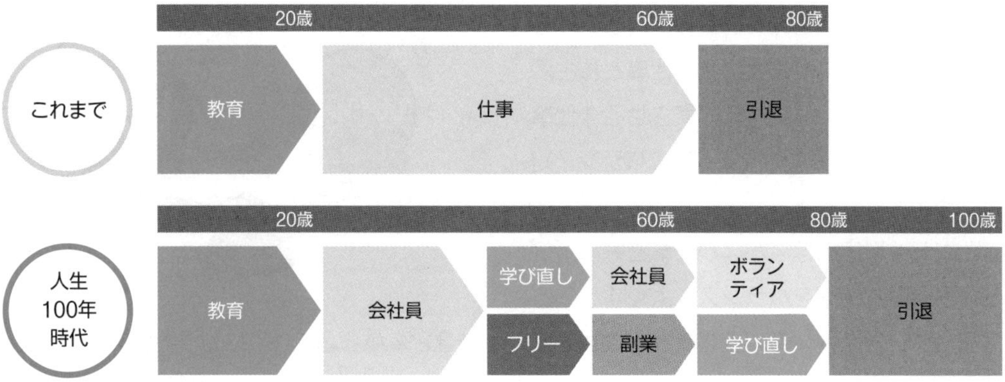

◆働く目的は何か

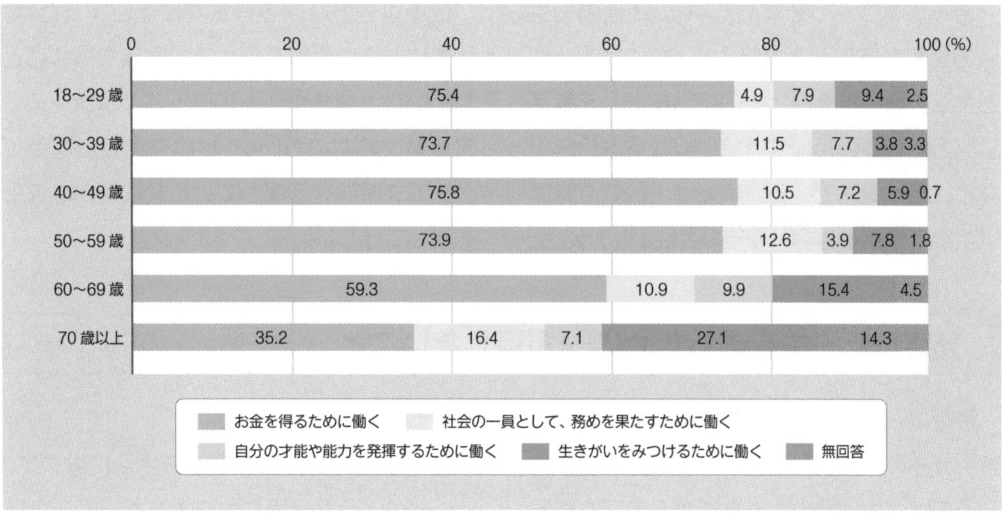

内閣府「国民生活に関する世論調査（令和３年９月調査）」

◆１年間の月１日以上の学習状況（複数回答、上位６項目まで）

	仕事に必要な知識・技能や資格	健康やスポーツ	料理や裁縫など家庭生活	音楽や美術、レクリエーション活動などの趣味	インターネットの知識・技能	文学や歴史、語学などの教養	学習していない
18～29歳	61.5%	26.1%	21.1%	31.1%	29.2%	24.2%	13.7%
30～39歳	54.0%	21.1%	32.3%	28.0%	20.5%	13.0%	16.1%
40～49歳	52.4%	30.1%	27.1%	21.6%	24.9%	18.2%	23.4%
50～59歳	50.5%	30.9%	24.9%	21.4%	22.5%	15.1%	23.9%
60～69歳	36.4%	37.2%	20.6%	22.9%	24.5%	18.6%	23.7%
70歳以上	14.5%	34.8%	18.0%	19.6%	10.5%	12.6%	32.5%

内閣府「生涯学習に関する世論調査（令和４年７月調査）」

幸せな人生を送るために—ワーク・ライフ・バランス

仕事以外の生活を充実させることも、幸せな人生を送るためには大切だ。仕事と私生活をバランスよく保ち、共に充実させる「仕事と生活の調和（ワーク・ライフ・バランス）」という考え方がある。

ただし、現実にはなかなか仕事と家事・プライベートな時間をバランスをよくすることは難しく、社会全体の大きな課題となっている。

このため、国は介護や育児をしながらでも無理なく働けるような、多様な働き方を選択できる環境づくりを進めている。「仕事と生活の調和が実現した社会」に向けて、「仕事と生活の調和推進のための行動指針」を策定し、労働時間の短縮や有給休暇取得率の向上などに取り組んでいる。例えば、「週60時間以上働く雇用者は2010年の男性14.0%、女性3.2%から2020年には男性7.7%、女性1.9%にまで減少。有給休暇取得率は2010年の48.1%から2021年58.3%に上昇している。

仕事以外の時間を有意義に過ごすことは、仕事にも良い影響を与える。家族を持つこともいいし、趣味やスキルアップ、ボランティア活動に励むのもいい。ぜひ充実したプライベートな時間を確保して公私共に豊かな人生を送ってほしい。

充実した人生を送るために—意識したいこと

最後に、内閣府「国民生活に関する世論調査」から、「日ごろの生活の中で充実感を感じるのは、主にどのような時か」の回答結果を見てみよう。

年代別に見ると、18～29歳では「趣味やスポーツに熱中している時」がもっとも多く、30代、40代では「家族団らんの時」、50代、60代は「ゆったりと休養している時」がトップとなっている。

「家族団らんの時」は、18～29歳の39.7%から30代は58.8%へと大きく増加し、以後、減少へと転じる。「仕事に打ち込んでいる時」は、18～29歳は16.7%だが、50代では約2倍の35.5%となっている。仕事の経験値が増えれば増えるほど、仕事の楽しさを感じていることがうかがえる。

ちなみに同調査の「今後の生活において、特にどのような側面に力を入れたいか」の問いで、年代が上がるにつれ回答が増えていくのが「健康」。18歳～29歳41.3%、30代51.9%、40代63.9%、50代74.5%と増え、60代では79.8%に上る。40代以降では、「資産・貯蓄」や「所得・収入」よりも力を入れたいこととなっている。

充実感を得られることは人それぞれだが、人生のステージが、学生生活、社会人生活、結婚生活、老後と進むことで変化し，また、健康が何よりも大事になっていく。そうしたことを意識しながら、仕事と私生活をともに充実させていこう。

◆週労働時間60時間以上の雇用者の割合

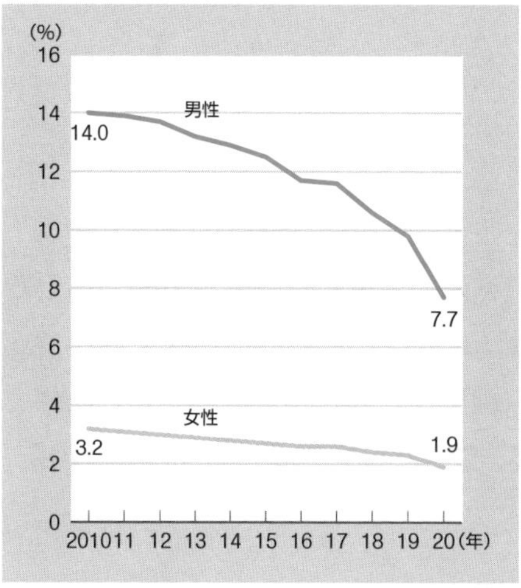

内閣府「仕事と生活の調和（ワーク・ライフ・バランス）総括文書 −2007 ～ 2020−」

◆年次有給休暇取得率

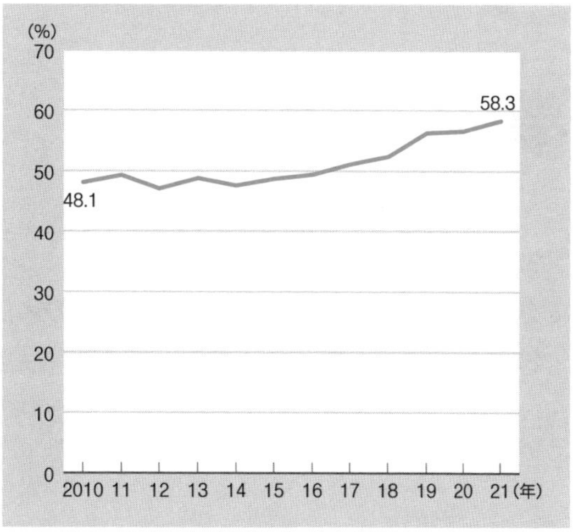

内閣府「仕事と生活の調和（ワーク・ライフ・バランス）総括文書 −2007 ～ 2020−」
2020年、21年は厚生労働省「就労条件総合調査」

◆日常生活の中で「充実感を感じる時」（世代別）

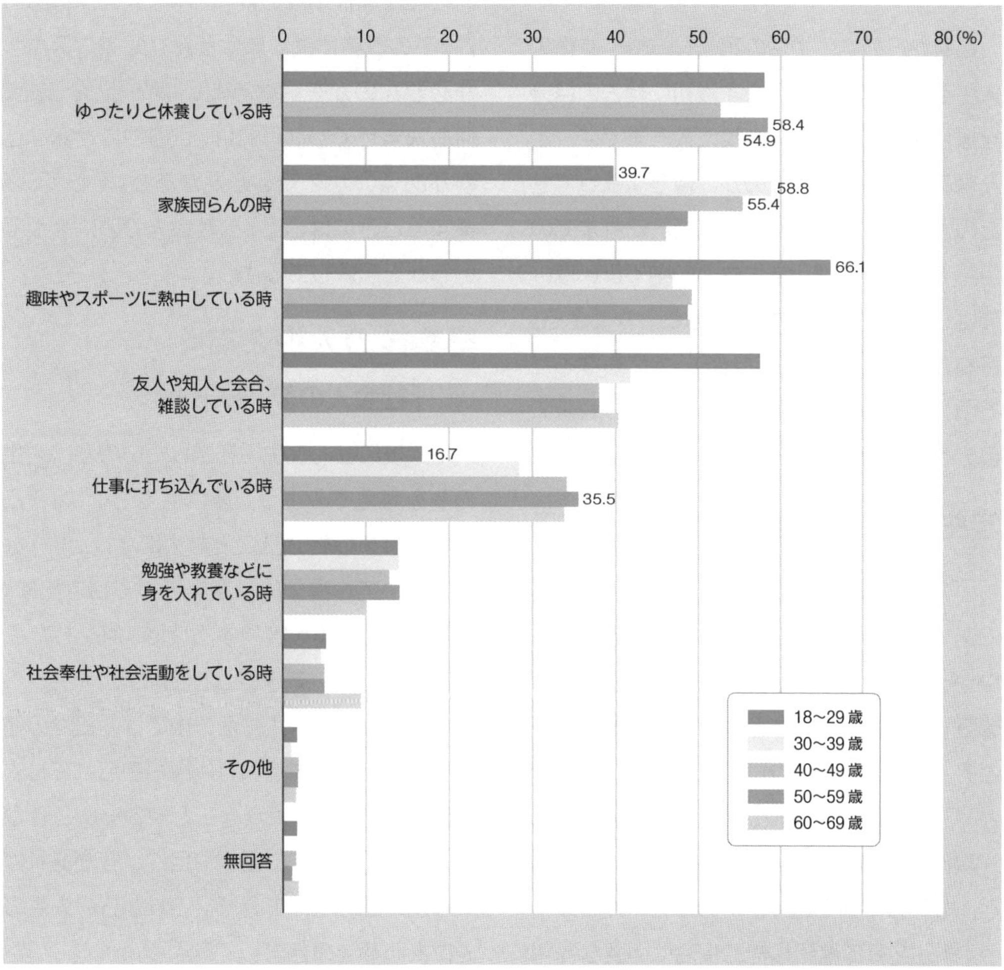

内閣府「国民生活に関する世論調査（令和4年10月調査）」より作成

第3章

Part 1 未来を知る

自分の未来を描いてみよう

夢ノート

学生生活、就職、仕事、結婚、子育てなど、自分の将来の人生設計は自分で描くことができる。ここでは、これまでの約20年の人生を振り返り、これからどんな人生を歩んで行きたいのかを考えてみよう。過去から未来へ、現実から夢へと、これからの人生の目的や過ごし方を書いてほしい。考えるだけでなく、文字として残すことが重要なのだ。

夢を見るなら過去を知ろう

──「これまでの夢ノート」

これからの学生生活の過ごし方や卒業後の人生を考えるときは、まず最初に過去の自分を振り返ってみよう。学校に入るまでに、どんなことに夢中だったのか、何を頑張ってきたのか、長・短所は何かなどだ。これまでの自分を理解すれば、学生生活の中で良い点は伸ばし、直すべき点は改善することができる。これが、学生生活での目標の1つにもなるだろう。過去の自分を振り返ることが、将来の自分を思い描くスタートになる。

学生生活を計画する

──「学生の夢ノート」

過去を振り返り、良い点、直すべき点が見つかったら、どうやって伸ばし、どうやって改善するのかを考えよう。どんな活動の中で、どのような経験をすればそれが可能になるのか、具体的な目標を決めたほうがいいだろう。

次に、卒業後にどんな仕事をしたいのか、どんな社会生活を送りたいのかを考えてみよう。1～2章で確認した、生活に必要な費用や2030年の日本と世界の姿も頭に浮かべながら、やってみたい職業があるのなら、具体的にどんな仕事なのか、どんな会社があるのか、その職業に就くにはどんな知識やスキルが必要なのかを調べるといいだろう。また、何も決まっていなければ、世の中にどんな仕事があるのかを知る必要がある。そして、卒業するときには、どんな社会人の卵になっているかを想像してみよう。

卒業後の人生を描く

──「社会人の夢ノート」

卒業後にどんな生活を送りたいのか、人生の夢を考えてみよう。夢は何でもいい。「こんな仕事をしたい」「こんな人になりたい」などについて、具体的な言葉にして書き出す。そして、その夢を実現するには、何をしたらいいのかも書いてみることだ。

学生生活や社会人生活の中では、日々の勉強や生活、仕事に追われ、「夢」を忘れてしまいがち。しかし、大変なことやつらいことがあっても、その先に目標や目的、夢があれば乗り越えることができる。これからの人生の先にある夢を書き出してみよう。

過去を知ってから未来を描こう

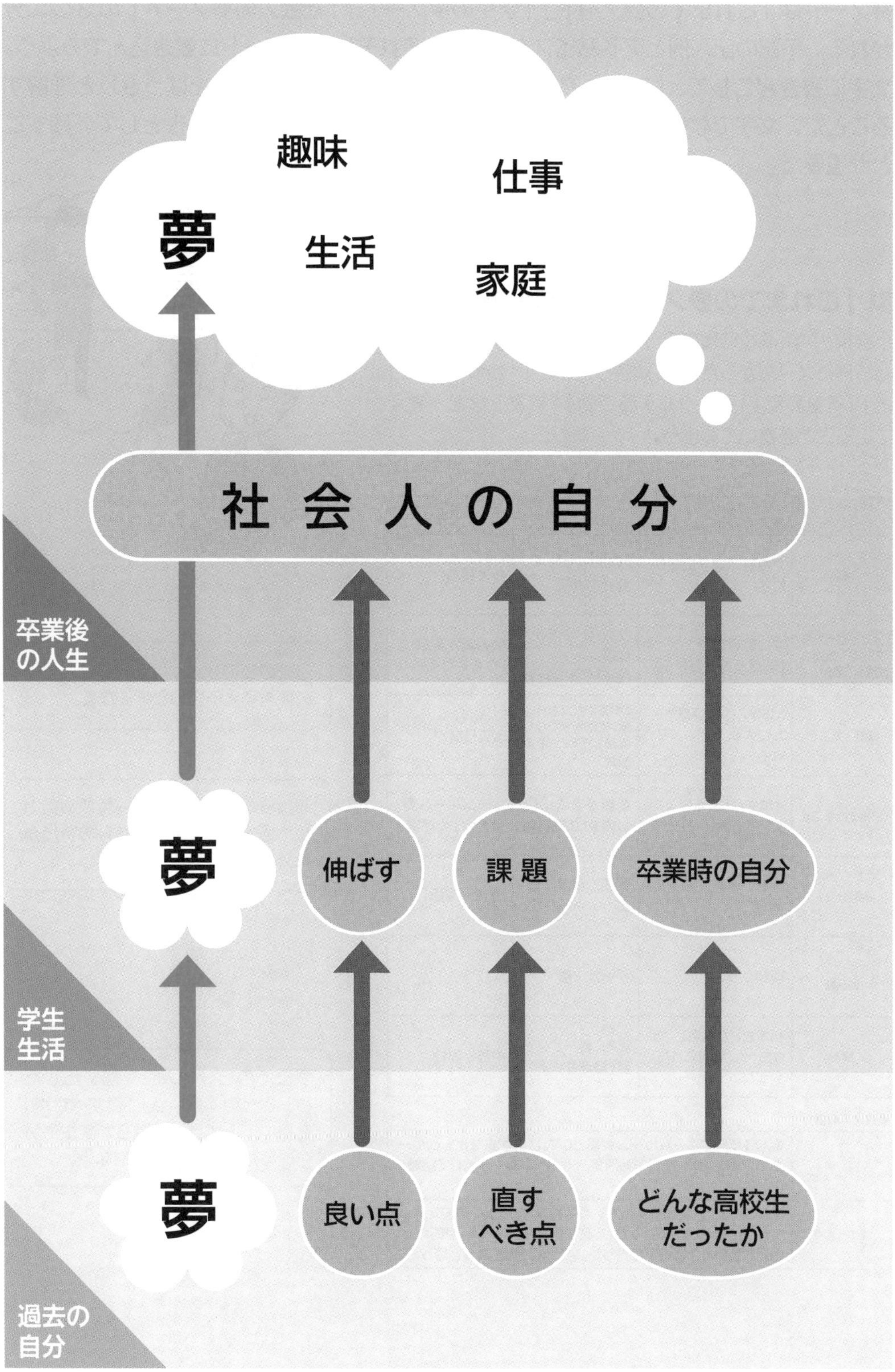

夢ノートを書いてみよう

夢ノートは「これまでの夢ノート」「学生の夢ノート」「社会人の夢ノート」の３つに分かれる。下記の記入例とアドバイスを参考に、それぞれの夢ノートに書き込んでみよう。文字に書き起こして、「これまでの自分」と「こうありたい自分」をはっきりと理解することだ。文字でなくても、イラストなどを描いてもいい。何らかの形として、残すことが重要だ。

■「これまでの夢ノート」の書き方

小学校、中学、高校時代の自分を振り返り、「夢」「大きくなったら何になりたかったか」「頑張ったこと」「自慢できること」「得意科目」「サークル・部活動」「親友」など、覚えていることを書いてみよう。

	小学校	中学校	高校
	1年 2年 3年 4年 5年 6年	1年 2年 3年	1年 2年 3年
夢	プロ野球選手になること	ロボットを作る会社の社長	お金持ち
大きくなったら何になりたかったか（理由）	プロ野球選手（野球が好きだから）	ロボットを作る仕事（面白そうだから）	会社員か教師（なんとなく）
頑張ったこと	3年から少年野球チームに入る。セカンドを守る	2年までサッカー部(校庭が狭くなり廃部)。それ以降は勉強	あまりない
自慢できること	4年生から6年生まで3年連続休みなし	成績が学年10位以内をほぼ維持	ホームルーム委員として大活躍
得意科目	国語、理科、図工、体育	英語、国語、理科	国語、英語
サークル・部活動	理科クラブ	サッカー部	なし
親友	松本君と長島君とキュウちゃん（名前忘れた）会ってないな～	志村、昇一とマー君（野球仲間）	中野と佐竹

高校までの自分

良い点	高校3年時にホームルーム委員として、さまざまなホームルームの企画を提案。校内でも活気あるホームルームとして話題になった。
直すべき点	中学時代には、高校に入るという目標があったが、高校に入ってから目標が明確でなくなり、高校時代は何かに積極的に打ち込むということが少なかった。怠け者の面があると思った。

過去の夢のきっかけを知ると、将来の夢を考える際の参考になる。

頑張ったことは重要。一生懸命努力した経験から、その人なりの特長が見えてくる。

今までの自分の人生を思い出したら、自分の「良い点」「直すべき点」を書いてみよう。これらが学生生活を送る際の目標の１つになる。

■「学生の夢ノート」の書き方

これから卒業までの間に、どれだけ充実した学生生活を送り、成長できるか。それは、この「学生の夢ノート」に書く目標や計画に、左右される。

「伸ばす点」は、高校までの「良い点」をどのように強化するかを考える。

「課題」は、高校までの「直すべき点」をどのように改善するのかをまとめる。

学生生活を終えるまでに、自分がどれだけ成長しているかを考えて書こう。

	学生生活
夢	第一志望の会社に就職が決まり、結婚を誓い合った彼女もいるに違いない。
やりたい・興味のある仕事	具体的にはないが、海外（中国）との取引のある仕事に就きたい。銀行や証券会社だろうか？
伸ばす点	高校時代に培った企画力を伸ばす。そのためにも、サークルなどのイベントや学祭などのイベントには積極的に参加する。
課題	目標がないと何もしない性格なので、何をするにしても目標やスケジュールを立て、自分のするべきことを常に持つようにする。
身に付けたい能力	計画力、企画力、主体的に行動する力
卒業時になりたい自分	専門的に勉強する経済学の知識と中国語、企画力を生かせる仕事への就職が決まっている。中国への短期留学によって、さまざまな価値観も持ち合わせ、アルバイトによって、仕事の厳しさも十分に理解しているはず。

「目標」は、取り組むテーマごとに具体的に書く。

「目標達成のために取り組むこと」は数字などを入れて、具体的に書こう。

「達成期限」は、いつまでに達成するつもりかを記入する。達成期限になって目標到達度を確認してみて、もし目標が達成できていない場合は、計画と現実の違いはどこか検証して、目標を見直す。

「達成！（日付）」は、達成できたら□にチェックを入れて、達成日を書いておこう。

取り組み目標・計画

目標	目標達成のために取り組むこと（具体的に）	達成期限	達成！（日付）
3年生までに120単位取得	1、2年生＝それぞれ45単位、3年生＝30単位を取得。 年間100万円近い授業料を払っているのだから、授業はサボらない！ 高校では受験勉強しかしなかったので、大学では専門的な勉強をする。	3年生の末	□（ 年 月 日）
社交性を身に付ける	高校時代は部活をしなかったので、大学ではサークルか部活に所属し、社交性を身に付けたい。先輩や後輩といった世代の違う人とも積極的に付き合いたい。	3年生の春ごろ	□（ 年 月 日）
50万円を貯める	仕事の厳しそうな会社でアルバイトをして、仕事を間近で見てみたい。例えば、新聞社や出版社で。留学費用も全額（50万円ぐらい）貯める。	2年生の夏	□（ 年 月 日）
留学	第2外国語で勉強している中国に留学してみたい。留学前に1年間は語学学校に通い、中国語検定を受ける！	2年生の秋〜3年生の夏	□（ 年 月 日）
			□（ 年 月 日）

■「社会人の夢ノート」の書き方

「仕事」「生活全般」「仕事以外の時間」「結婚・家族」の欄内に挙げた項目中で、自分の理想や夢と一致するものにチェックを付け、最後に「卒業後に送りたい人生」「働く目的」「仕事を通して実現したい将来の夢」を具体的に書いてみよう。

「仕事」は、どんな会社で、どのような働き方をしたいのかを選んでみよう。

「生活全般」は、衣食住を中心に考えてみよう。中でも仕事以外の時間をどんな場所で過ごすのかは重要だ。

「仕事以外の時間」は、平日の仕事が終わった後や休日の過ごし方。どうやってリフレッシュするかは、ゆとりのある生活を送るためにも必要だ。

「結婚・家族」は、結婚をしたいか、したいのならいつごろするのか、結婚後の生活はどうしたいのか。まだ見ぬパートナーを夢見て、書いてみよう。

	就職してから	
仕事 （どんな仕事、働き方をしたいか）	☐海外で働きたい ☑大都市で働きたい ☐地元で働きたい ☐大企業で働きたい ☐ベンチャー企業で働きたい ☑外資系企業で働きたい ☐公務員になりたい ☐いずれは起業したい ☐多くの人と接する仕事をしたい ☐自然の中で働きたい ☐研究をするような仕事をしたい	☐人に教える仕事をしたい ☐趣味（好きなこと）に近い仕事をしたい ☐お金を稼げる仕事をしたい ☑資格を生かせる仕事をしたい ☐転勤のない仕事をしたい ☐出世したい ☐出世に関係なく仕事をしたい ☐自分が成長できる仕事をしたい ☐社会に貢献できる仕事をしたい ☐仕事と私生活の両立を目指したい ☐私生活重視で働きたい
生活全般 （どんな生活をしたいか）	☐就職後は親元から通いたい ☐一人暮らしをしたい ☐会社の寮に入りたい ☐彼氏・彼女は欲しい ☑会社以外にも友人を作りたい ☐仕事に関する資格や勉強をしたい ☑車は欲しい ☐ファッションにこだわりたい	☐食事は自分で作る ☐食事は外食でいい ☑都心に住みたい ☐郊外に住みたい ☐いずれはマンションを購入したい ☐一戸建ての家を持ちたい ☐楽しく、派手な生活をしたい ☐堅実な生活をしたい
仕事以外の時間 （アフター５や休日の過ごし方）	☑休日はスポーツを楽しみたい ☐休日は買い物などに行きたい ☐休日は美術館や映画館に行きたい ☑休日は海外旅行に行きたい ☐休日は国内旅行に行きたい ☐休日は友達（彼氏・彼女）と遊びたい ☐休日はおいしいものを食べ歩きたい ☐休日は家で読書や動画視聴をしたい ☐休日は家でのんびり過ごしたい	☑休みや時間に関係なく仕事をしたい ☐平日の夜は誰かと飲みに行きたい ☐平日の夜は外食したい ☐平日の夜は資格学校に通いたい ☐平日の夜は語学教室に通いたい ☐平日の夜は趣味の教室に通いたい ☑平日の夜はスポーツジムに通いたい ☐平日の夜はお稽古事を習いたい ☐平日の夜はまっすぐ家に帰りたい
結婚・家族 （どんな家族を持ちたいか）	☐早く結婚したい ☑しばらくは結婚したくない ☐一生独身でいたい ☑子どもが欲しい ☐子どもはいらない ☐結婚したら両親と同居したい	☐結婚したら両親と同居したくない ☐出産後には、女性は専業主婦がいい ☐出産しても女性は働くのがいい ☑休日は家族で過ごしたい ☑仲のいい家族がいい ☐個々人が自立している家族がいい

卒業後の人生を考えてみよう。選択肢の１つとして就職するのであれば、どんな働き方をしていきたいのかなどを考えてみてもいい。

「働く目的」を考えることで、学生生活をどのように過ごせばいいのかも見えてくる。どんな仕事に就きたいのかなどがイメージできる。

仕事を通して、どのようなことを実現したいと思っているのか考えてみよう。「夢」なので実現性があるかどうかは、それほど深く悩まなくてもいい。

働く目的・卒業後の人生

卒業後はどんな人生を送りたいか？	自分の性格を考えると、起業をすることは難しそうなので、企業に就職し、積極的に仕事に取り組むことで仕事を早く覚えたい。志望業界などは、まだ決まっていないので、いろいろ調べていこう。 新卒で就職した会社でなるべく長く勤めたいが、自分のキャリアなどを考えて、転職を視野に入れてもいい。 30歳を過ぎたら、結婚して家庭や子どもを持ち、それを励みにさらに頑張っていきたい。
自分にとって働く目的は何か？	これからの人生で生活をしていくには、お金を稼ぐことが必要になる。 でも、せっかく働くのであれば、自分のためになり、人からも感謝されるような仕事をしたいと思う。
仕事を通して、実現したい将来の夢は何か？	自分がかかわった商品やサービスが世の中に出ること。 そして、その商品・サービスによって人々の暮らしが改善し、多くの人に幸せを与えられるようになること。 仕事の成果として、会社から認められること。

これまでの夢ノート

WEBよりダウンロード可

	小学校	中学校	高校
	1年 2年 3年 4年 5年 6年	1年 2年 3年	1年 2年 3年
夢			
大きくなったら何になりたかったか（理由）			
頑張ったこと			
自慢できること			
得意科目			
サークル・部活動			
親友			

高校までの自分

良い点	
直すべき点	

学生の夢
ノート

WEBよりダウンロード可

	学生生活
夢	
やりたい・ 興味のある仕事	
伸ばす点	
課題	
身に付けたい能力	
卒業時に なりたい自分	

取り組み目標・計画

目標	目標達成のために取り組むこと（具体的に）	達成期限	達成！（日付）
			□ （　年　月　日）
			□ （　年　月　日）
			□ （　年　月　日）
			□ （　年　月　日）
			□ （　年　月　日）

社会人の夢ノート

WEBよりダウンロード可

	就職してから	
仕 事 （どんな仕事、働き方をしたいか）	□海外で働きたい	□人に教える仕事をしたい
	□大都市で働きたい	□趣味（好きなこと）に近い仕事をしたい
	□地元で働きたい	□お金を稼げる仕事をしたい
	□大企業で働きたい	□資格を生かせる仕事をしたい
	□ベンチャー企業で働きたい	□転勤のない仕事をしたい
	□外資系企業で働きたい	□出世したい
	□公務員になりたい	□出世に関係なく仕事をしたい
	□いずれは起業したい	□自分が成長できる仕事をしたい
	□多くの人と接する仕事をしたい	□社会に貢献できる仕事をしたい
	□自然の中で働きたい	□仕事と私生活の両立を目指したい
	□研究をするような仕事をしたい	□私生活重視で働きたい
生活全般 （どんな生活をしたいか）	□就職後は親元から通いたい	□食事は自分で作る
	□一人暮らしをしたい	□食事は外食でいい
	□会社の寮に入りたい	□都心に住みたい
	□彼氏・彼女は欲しい	□郊外に住みたい
	□会社以外にも友人を作りたい	□いずれはマンションを購入したい
	□仕事に関する資格や勉強をしたい	□一戸建ての家を持ちたい
	□車は欲しい	□楽しく、派手な生活をしたい
	□ファッションにこだわりたい	□堅実な生活をしたい
仕事以外の時間 （アフター５や休日の過ごし方）	□休日はスポーツを楽しみたい	□休みや時間に関係なく仕事をしたい
	□休日は買い物などに行きたい	□平日の夜は誰かと飲みに行きたい
	□休日は美術館や映画館に行きたい	□平日の夜は外食したい
	□休日は海外旅行に行きたい	□平日の夜は資格学校に通いたい
	□休日は国内旅行に行きたい	□平日の夜は語学教室に通いたい
	□休日は友達（彼氏・彼女）と遊びたい	□平日の夜は趣味の教室に通いたい
	□休日はおいしいものを食べ歩きたい	□平日の夜はスポーツジムに通いたい
	□休日は家で読書や動画視聴をしたい	□平日の夜はお稽古事を習いたい
	□休日は家でのんびり過ごしたい	□平日の夜はまっすぐ家に帰りたい
結婚・家族 （どんな家族を持ちたいか）	□早く結婚したい	□結婚したら両親と同居したくない
	□しばらくは結婚したくない	□出産後には、女性は専業主婦がいい
	□一生独身でいたい	□出産しても女性は働くのがいい
	□子どもが欲しい	□休日は家族で過ごしたい
	□子どもはいらない	□仲のいい家族がいい
	□結婚したら両親と同居したい	□個々人が自立している家族がいい

働く目的・卒業後の人生

卒業後はどんな人生を送りたいか？	
自分にとって働く目的は何か？	
仕事を通して、実現したい将来の夢は何か？	

社会で活躍できる人材に成長するための

学生生活の過ごし方 4つのポイント

高校までと違って、履修する授業はもちろん、授業以外の時間をどう過ごすかも自由にできる。逆に言えば、自分で決めて行動しなければ、何もできないことになる。学生時代は社会人として活躍できるように成長するための準備期間。本章では充実した学生生活を過ごし、大きく成長するためのポイントを紹介しよう。

Point 1 目標を持つ

学業と他の活動の目標を明確にする

学生生活を通して成長することを目指すなら、個々の活動で目標を設定することが大事になる。漫然と取り組んでいては、思うような成長は望めない。

取り組んでいることを書き出そう

「なんとなく学校に行って授業に出た」というような変化のない日々を過ごすことは無駄だ。何に取り組むにしても、新しい知識を得るとか、社会で必要となるスキルを身に付けるなどの目標を設定するのがいい。まずは現在取り組んでいることを書き出し、それぞれの目標を決めることだ。

目標を明確にできない活動なら、続けるかどうかを検討したほうがいい。過酷な労働を強いられるだけのアルバイトや飲み会だけのサークルなど、自分の成長にプラスにならないと判断したら途中でやめてもいい。成長につながる新たな活動に取り組み、目標を設定すればいいのだから。

学業に慣れてから他の活動に

さまざまなことに取り組むといっても、一気に「やること」を増やしてはダメ。学生生活に慣れてから、いくつかの活動に徐々に取り組もう。さもないと、最優先の学業がおろそかになってしまうからだ。また、同じ取り組みの中で、目標のレベルアップを図ることも大切だ。少しずつ高い目標を設定しては達成する、という流れを繰り返すと、モチベーションも維持できる。

ただし、サークル・部活動には、勧誘時期から時間がたつと入りづらくなる場合もある。とりあえずいくつかの団体に所属し、生活に慣れてから選び直してもいい。

注意したいのは、すべての行動に目標を持たせようとし過ぎること。「目標」というプレッシャーに負けて、「行動」そのものを楽しめなくなっては本末転倒。目標を持つ狙いは、あくまでも学生生活を充実させ、自分が成長するためだ。目標がなくても好きな本を読んだり、友人と遊んだりしてもいい。リフレッシュできる時間を持てば、さらに集中力が増すだろう。社会で活躍できる人材に成長するためには、慌てず、あせらず、学生生活を過ごすことだ。

◆学生生活で成長する方法

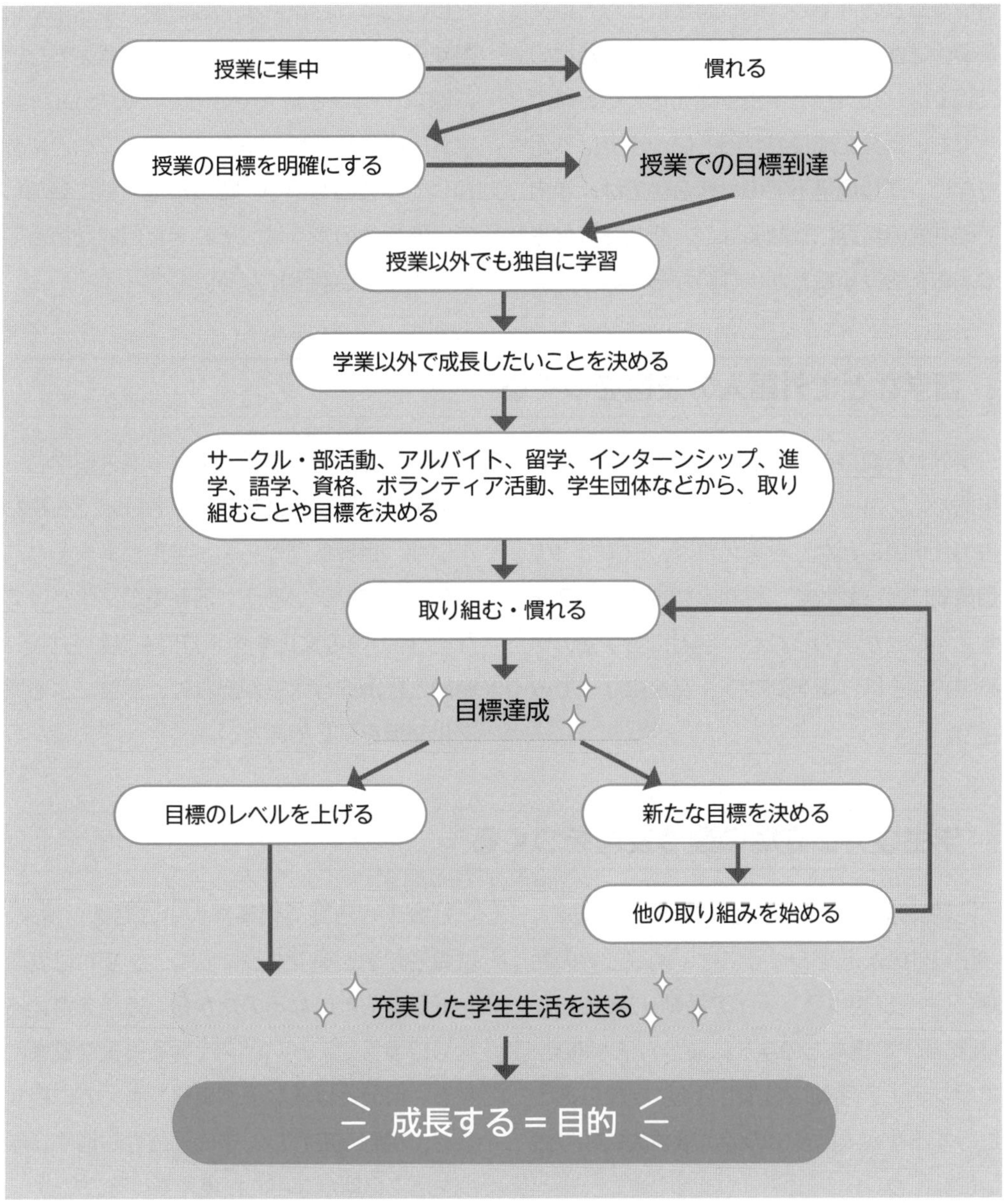

Point 2

交友関係を広げる

社会人、学外の知り合いをつくろう

同じ学校内の友人だけでなく、学外や年齢の異なる社会人との交流も皆さんを大きく成長させる。ここでは友達づくりの重要性を詳しく紹介する。

異なる価値観を持つ学外の友達をつくる

同級生や、サークル・部活動で知り合う先輩や後輩との間でも、高校時代に比べれば交友関係はかなり広がる。しかし、学内だけの交流では、充実した学生生活を送ることはできても、自分を成長させるという点では物足りない。同じ環境下での付き合いでは、学内での共通の話題に終わるなど、新たな気付きや刺激を受けることが少ないからだ。

異なる学校、専攻などの学生へと交際範囲を広げれば、さまざまな価値観、学生生活に対する姿勢、将来の仕事に対する考え方などに触れ、視野を拡大できる。そのためには、学外の学生団体やインターンシップなどに参加してみるのもいい。こうした活動に参加している学生の多くは、それぞれ目的を持っているので良い刺激になる。

留学などで外国人の友達をつくる

学外から海外へと交友関係を広げるのも効果的だ。グローバル社会といわれる現在、将来の仕事のことなどを考えれば、日本だけの価値観にとらわれず、世界的な視野で物事を考えることが求められる。学内に留学生のいる学校ならば、国を問わず、友達になってみよう。

外国人の友達をつくるには、海外留学も一つの手だ。留学先はアジアでも欧米でも構わないが、世界各国からの留学生が集まるところのほうがいいだろう。滞在先の文化だけでなく、他の国の文化や考え方にも触れられる。時間と経済的な余裕があれば、留学による異文化交流を試してみたい。

学生以外に立場の違う友達をつくる

「立場の違う」とは、学生以外という意味だ。学生以外の友達をつくるには、地域社会の活動（スポーツやボランティア活動）に参加したり、英語や資格などの学校に通う方法がある。ボランティア活動に参加したり、学校に通ったりする社会人は多いので、積極的に知り合いになろう。

社会人から聞く仕事や人生の話は、将来、就職活動や仕事でも役に立つ。いずれは就職して働くことになるのだから、進路を考えるための情報やアドバイスを得る貴重な機会になる。自分とは異なる価値観や考え方に接すると、視野が広がり、頭の柔軟性も増す。学生生活での新たな目的が見えてくるのだ。

◆交友関係の広げ方

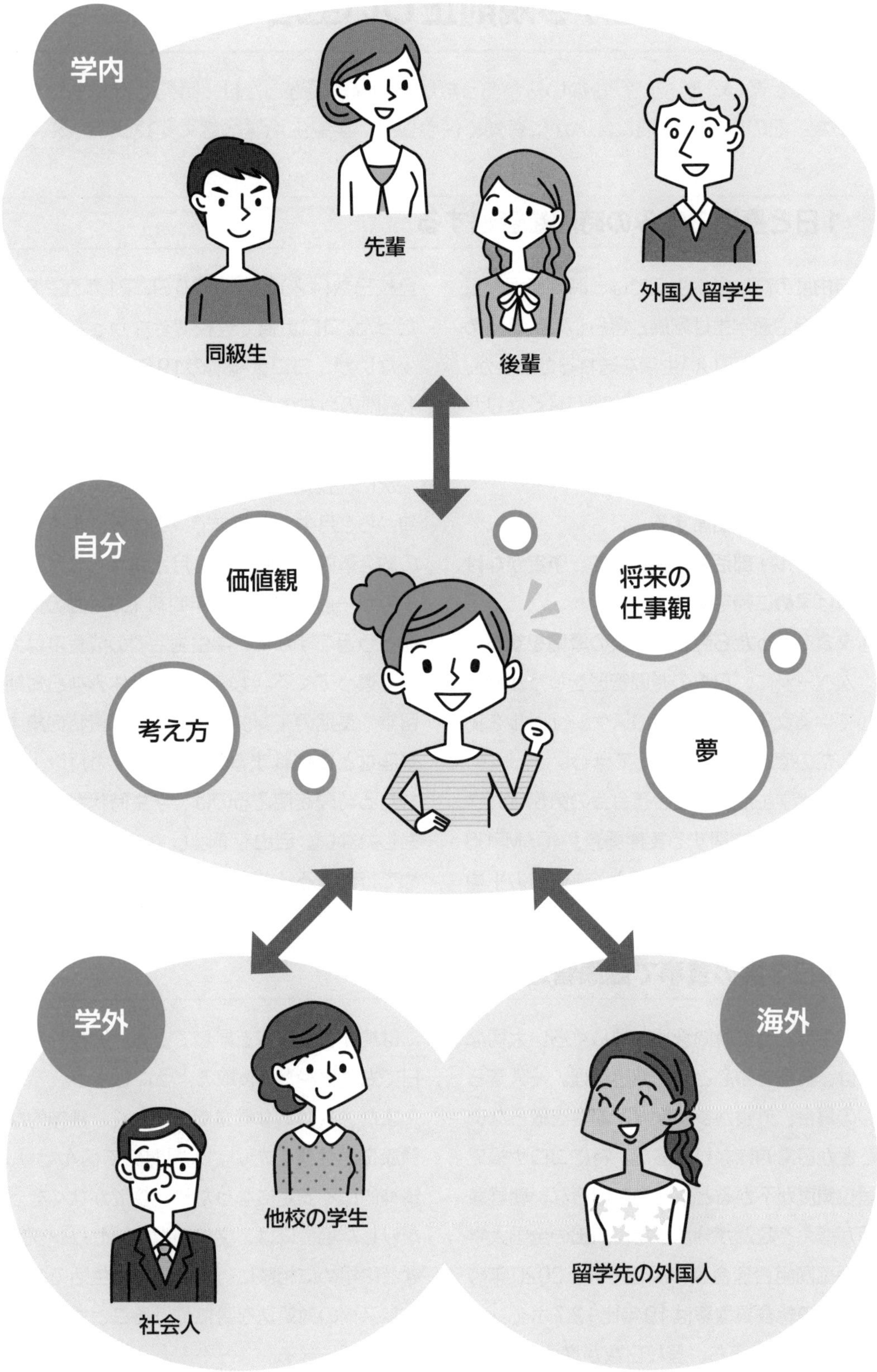

Point 3

自由を管理する

自由だから規則正しい生活を送る

高校までと違い、学校に行かない日があったり、休みが長かったり、時間も行動もかなり自由だ。この自由を管理し、いかに有効に使うかで、学生生活は大きく変わってくる。

1日と長期の休みの時間を管理する

自由度の高い学生生活では、時間管理が重要だ。自宅通学生は家族と暮らしているために、比較的規則正しい生活を送れるだろうが、一人暮らしの学生は時間の管理が甘くなりがち。以下の点に気を付けよう。

①起床時間を一定にする

②授業には必ず出席する

③サークル・部活動が終わって、予定がなければ早めに帰宅する

④夕食をとったら翌日の授業の準備をする

次ページに、日々の時間管理をしっかりとしている女子学生の1日のスケジュールを掲載したので、ぜひ参考にしてほしい。

全国大学生活協同組合連合会の第57回『学生の消費生活に関する実態調査』(CAMPUS LIFE DATA 2021)によると、1週間の平均登校日数は2020年が2.0日、21年が2.8日だった。コロナ禍で登校できなかったために少ないが、コロナ禍前の19年は平均4.4日。1週間のうちの登校しない日をいかに有効に使うかで学生生活の充実度が変わってくる。

次に、長期休暇の使い方。夏休みは8月上旬から9月中・下旬まで、冬休みは年末年始の約2週間、春休みは2月上旬から3月下旬までが一般的だ。この年間約4カ月間の休みをどう過ごすかで、学生生活での成長度は大きく違ってくる。1～2カ月の休みなら短期留学や長期のインターンシップ、資格の集中講座などに挑戦するのもいい。1カ月以上にわたる時間を使えるのは、学生時代が最後かもしれない。自由を満喫しつつも、目標を定めて行動することが望まれる。

毎日3食の食事で健康管理

学生にとって時間管理と同じぐらい大切なのは、食事を中心とした健康管理。一人暮らしの場合、外食が多くなり、朝食を取らないことが日常的になりがちだ。特にコロナ禍で登校頻度が下がると、朝食を取らない朝昼兼用が増えることが分かった。前出の全国大学生活協同組合連合会の調査では、2020年の自宅生の朝食摂取率は19年比12.7ポイント低い64.4%に落ち、登校日数が増えた21年には約4ポイント上昇している。登校しない日でも朝昼晩と3食取るようにしよう。

また、身体的な健康だけでなく、精神的な健康にも注意したい。人間関係で悩んだり、精神的に不安定になったり、食欲がなくなったりした場合には、学校のカウンセリング室などに早めに相談に行こう。学生生活で、ストレスへの対処法を身に付けることも重要な健康管理になる。

◆ある女子学生のスケジュール

7:00	起床&身支度
7:30	朝食
8:15	登校
8:40 ~ 9:00	1 限の予習（授業教室内にて）
9:00~10:30	1 限授業
10:40~12:10	2 限授業
12:10~13:00	ランチタイム
13:00~14:30	空き時間（図書館にて宿題や授業の予習・復習）
14:40~16:10	4 限授業
17:00~19:00	クラシックバレエのレッスン
19:30	帰宅&夕食
20:30~21:45	資格試験の勉強&宿題や予習・復習
21:45~22:00	NHKラジオ英会話講座
22:00~23:30	入浴&テレビ&趣味
23:30 ~ 0:00	明日の準備→就寝

◆ 1 週間の登校日数

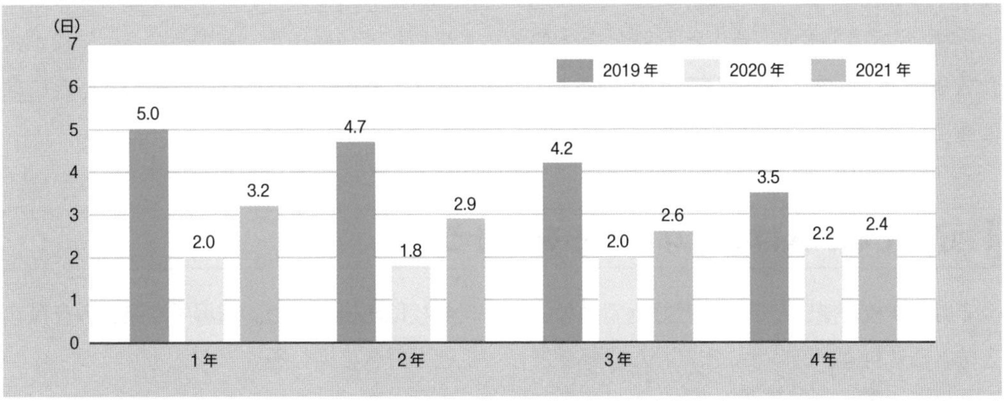

全国大学生活協同組合連合会　第55回、第56回、第57回『学生の消費生活に関する実態調査』（CAMPUS LIFE DATA 2019, 2020, 2021）

◆朝食の摂取率

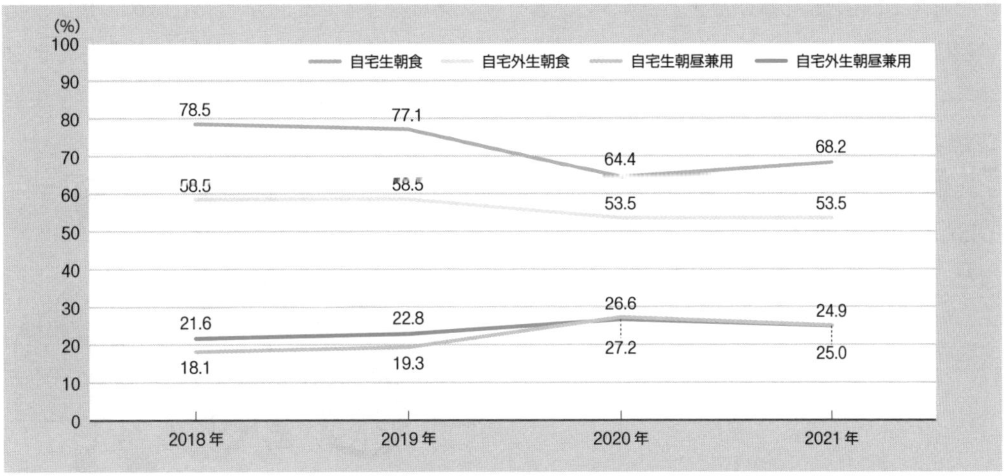

全国大学生活協同組合連合会　第57回『学生の消費生活に関する実態調査』（CAMPUS LIFE DATA 2021）

Point
4

所属する学校を好きになる

学校を好きな人の9割が充実

学生生活を充実させるには、学校を好きになることが第一だ。好きな人はもっと好きに、あまり好きではない人も好きになる方法を教えよう。

「学校が好き」と充実度は比例する

所属している学校は好きですか？ 全国大学生活協同組合連合会が実施した第57回『学生の消費生活に関する実態調査』（CAMPUS LIFE DATA 2021）にある、大学が「好き」か「嫌い」かと、学生生活の充実度の関係を見てみよう。

「大学が好き・まあ好き」と回答した人のうち80%超が「学生生活が充実している」と答えている。一方、「大学が嫌い・あまり好きではない」と回答した人のうち「学生生活が充実していない」人は68.8%に達した。

コロナ禍の影響で思うような学生生活が送れていないために19年に比べると充実度は低下しているが、それでも「好き＝充実」の関係は変わっていない。学生生活を充実したものにして成長したいと思うなら、学校が嫌いな人は好きに、好きな人はもっと好きになることだ。

好きでない人は好きなところを探そう

では、学校が嫌い、それほど好きではない人はどうすればいいのか。まず、なぜ好きと思えないのか原因を探ることだ。「偏差値で選んだ」「第一志望ではない」など理由はさまざまだろうが、その理由を挙げ、どう解決するかを考えてみよう。「嫌いだ！」と思っている学校に毎日通うのはつらいもの。どうしたら好きになるのか解決策を考えてみることだ。コツは自分の考え方や行動を変えること。

具体的には、校内に好きな場所を作ってみてほしい。教室（授業）や学食、図書館、部室など、学内に自分の居場所を見つけ、とにかく学校に出掛けよう。居場所や楽しみを探すことが好きに通じる。

次に、友達、彼氏・彼女、先輩・後輩など、学校や学生生活について話せる相手を持つこと。学校や過ごし方に対して自分とは違う考え方に接することによって、改めて良い部分に気付くこともある。「嫌い＝充実していない」ではなく「好き＝充実している」学生生活を送ろう。

◆学生生活の充実度

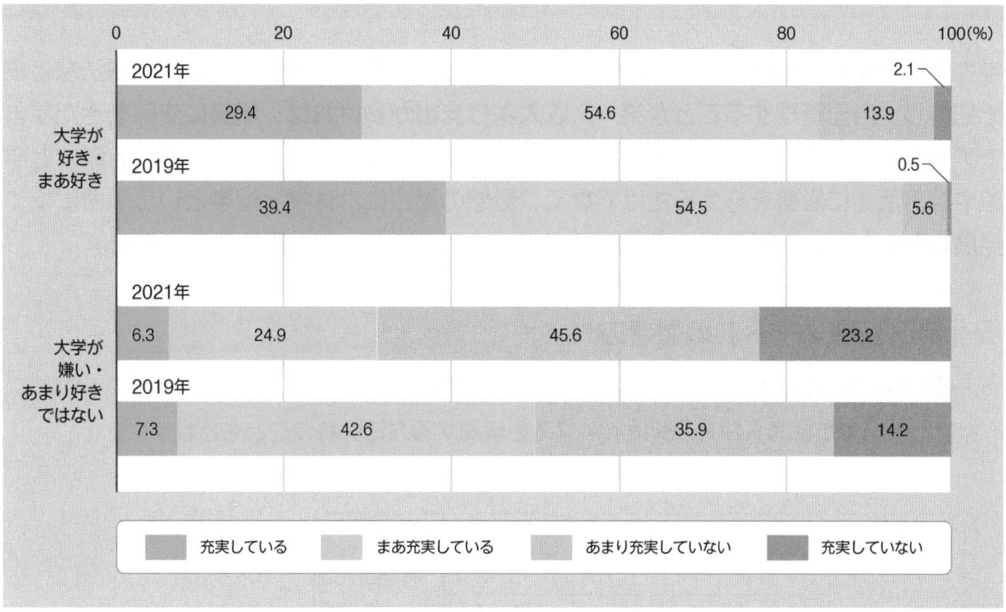

全国大学生活協同組合連合会 第55回、第57回『学生の消費生活に関する実態調査』(CAMPUS LIFE DATA 2019, 2021)

◆学校を好きになる方法

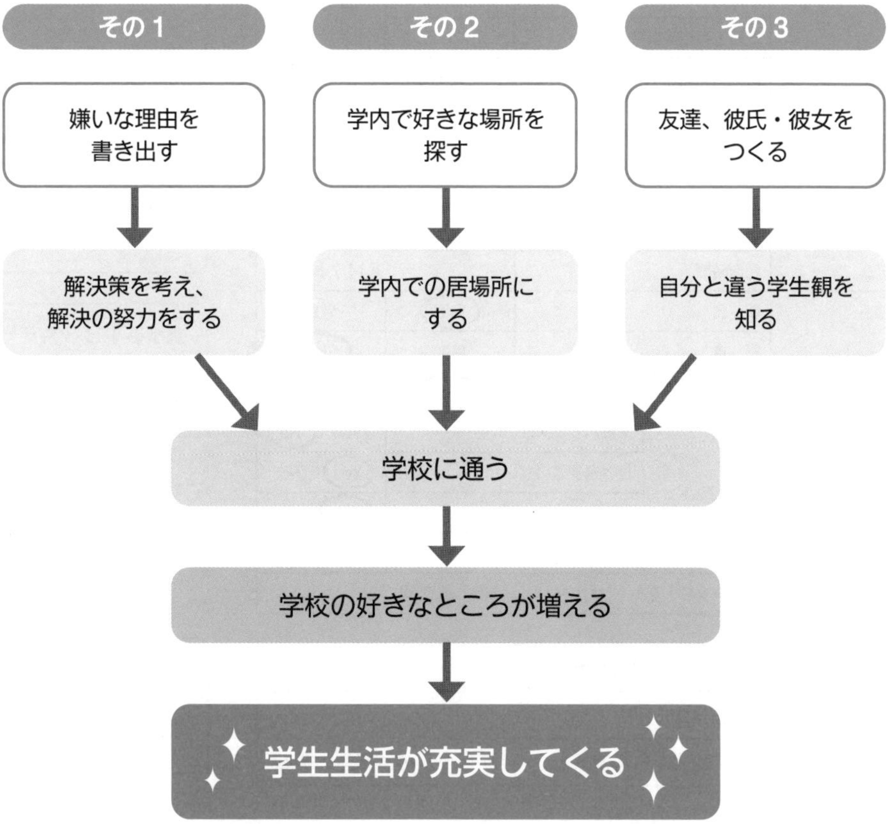

学生生活を充実させる「自己管理ノート」を書いてみよう

学生生活を充実したものにするには、お金の収支から食事、睡眠、ストレス発散法などまで把握し、自己管理することが第一。収入より支出が多ければ、学業に支障をきたすまでアルバイトをしなければならなくなる。また、健康面やメンタル面で調子を崩すと学業や課外活動に影響を与えるだけでなく、最悪の場合には休学・退学という事態にまで発展しかねない。自己管理は学生だけでなく社会人になっても重要なテーマだ。

■「自己管理ノート」の書き方

一人暮らしの場合は特に、お金の収支を把握し、食事は栄養バランスを考えて外食を少なめに心掛けたい。また、ストレスを避ける、悩みを解消する方法を持つことも忘れずに。

お金の管理	収入	お小遣い（仕送り）	8万 円	16万4000 円
		アルバイト	3万 円	
		奨学金	5万4000 円	
		その他	円	
	支出	生活費（家賃・光熱費）	7万 円	15万5000 円
		食費	4万 円	
		娯楽費（趣味等）	2万 円	
		書籍・資格等教育費	1万 円	
		通信費（電話・インターネット等）	5000 円	
		その他	1万 円	
	貯金			9000 円

健康の管理	睡眠	就寝時間		AM0時 頃	
		起床時間		AM7時 頃	
	食事	朝食		自宅	外食
		昼食		自宅	外食
		夕食		自宅	外食
		注意点	栄養バランスはいいか	Yes	No
			食べ過ぎていないか	Yes	No
			規則正しい食事か	Yes	No
			野菜を取っているか	Yes	No
	運動	スポーツ名：フットサル		頻度：週2回	

心の管理	心配事	就職できるかどうか	
	ストレス発散法	フットサル	
	相談相手	高校時代からの友人	サークルの同級生・先輩

収入に見合った支出を守るようにしよう。

将来の留学や資格取得、就職活動などに向けて貯金をしておこう。

睡眠時間は7時間は取るように心掛け、起床は朝食を取ってから出かけられる時間に。

食事は1日3食を守り、朝食、夕食はなるべく自宅で。注意点はすべて「Yes」に○が付くように心掛けよう。

運動は最低週に1回はしたいところ。

悩みや心配事があれば自分だけで抱え込まず、誰かに相談できるようにすることだ。

自己管理ノート

WEBよりダウンロード可

お金の管理	収　入	お小遣い（仕送り）	円	円
		アルバイト	円	
		奨学金	円	
		その他	円	
	支　出	生活費（家賃・光熱費）	円	円
		食費	円	
		娯楽費（趣味等）	円	
		書籍・資格等教育費	円	
		通信費（電話・インターネット等）	円	
		その他	円	
	貯　金			円

健康の管理	睡　眠	就寝時間		頃	
		起床時間		頃	
	食　事	朝　食		自宅	外食
		昼　食		自宅	外食
		夕　食		自宅	外食
		注意点	栄養バランスはいいか	Yes	No
			食べ過ぎていないか	Yes	No
			規則正しい食事か	Yes	No
			野菜を取っているか	Yes	No
	運　動	スポーツ名：		頻度：	

心の管理	心配事		
	ストレス発散法		
	相談相手		

やって良かったこと やれば良かったこと

学生時代に、どんなことに取り組んでおけば就職活動時や社会人になったときに役立つのか——。卒業間近の大学生（大学院生含む）と社会人それぞれ約200人に「大学時代にやっておいて良かったこと」「やっておけば良かったこと」を調査した。先輩たちの「あのとき、こうしていれば！」という本音の回答は、きっと参考になるはずだ。

大学生編

学生時代に「やっておいて良かった！」こと

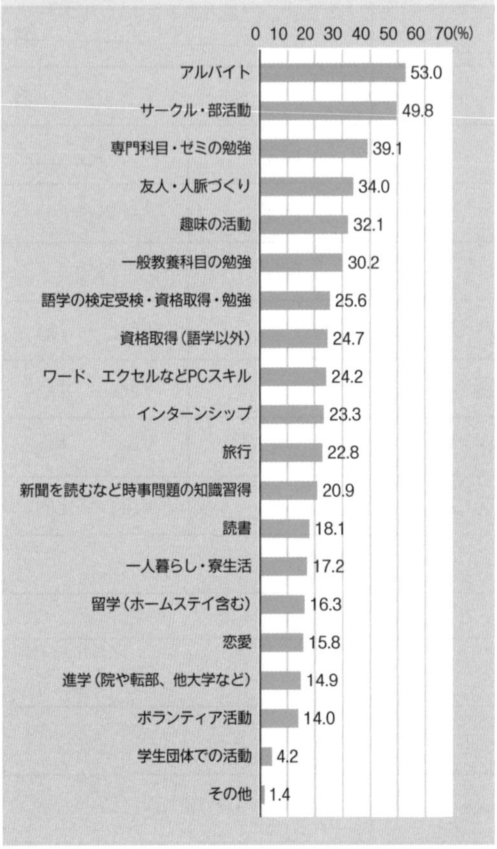

日経HR「内定者調査2022年版」

やって良かった トップは「アルバイト」

卒業を控えた大学生に、今後の仕事やキャリア形成、人生のために学生生活を振り返り、「やっておいて良かったと思うこと」を聞いた結果を紹介しよう。ベスト5は、「アルバイト」「サークル・部活動」「専門科目・ゼミの勉強」「友人・人脈づくり」「趣味の活動」だ。1位の「アルバイト」と2位の「サークル・部活動」は5割前後となっており、「専門科目・ゼミの勉強」は4割、「友人」「趣味」も3割超だった。5位以下でも「一般教養科目」や「語学・資格」「PCスキル」など、学習に積極的な姿勢がうかがえる。

学生だからこそ行ける「留学」は16%にとどまった。学生生活の半分をコロナ禍で過ごした影響が大きかったのか。海外に出て日本とは異なる社会や文化、価値観に触れる機会が少なかったのは残念だ。

先輩たちの生コメント やってておいて良かった！ その理由とは？

1位 アルバイト

→96～98ページも参考に！

- 人と関わらざるを得ないアルバイトだったので、社会性が向上した。
- 実際に働いてお金をもらうことにより、社会人のイメージをつかむことができた。
- 多くの人とコミュニケーションを取ることによってコミュニケーションスキルが上がった。
- 自分の強みと弱みを見つけられた。どこを伸ばしてどこを改善するべきなのかを学べた。
- かなり頭を使う業務だったので、論理的思考力や先を見据える力を養うことができた。
- もともと極度の人見知りで話すことが苦手だったが、アルバイト経験によって克服できた。
- さまざまなバックグラウンドの幅広い年代の方と一緒に働くことができ、自分の価値観を考え直すとても良い機会であった。
- 塾のチューターをやり、人の気持ちを考えて一緒に行動することを学んだため、温かい人間になれたと思う。

2位 サークル・部活動

→82～84ページも参考に！

- ストレス耐性が高まったし、何より上下関係の厳しさが社会に出ても役に立つと確信した。
- PDCAサイクルを回す経験を積み、成長できた。
- 辛いことが多くあったが何とか乗り切ることができたため、以後辛いことがあっても、何とかなるだろうという自信を持てるようになった。
- 後輩とのコミュニケーションの取り方やチームビルディングを経験できた。
- 多くの時間を費やして1つのことをやる経験はもうできないと思うから。
- 大きな組織の体育会であったため、大きなお金を動かす、外部の方とのコネクションを作るなど、多様な経験ができた。
- 練習の多いサークルに入っていたため、タイムマネジメントがうまくなった。
- 今後どのようなことがあっても心の拠り所となる部活動での経験(思い出)や、一生涯の趣味・友人ができた。

3位 専門科目・ゼミの勉強

→72～77ページも参考に！

- グループで論文を書く機会があり、就職後もグループで取り組む時に生かせると思うため。
- さまざまなテーマを扱うゼミだったので、多様な知識や意見に触れることができた。
- 常に論理的に考え、説明する力が付いた。
- 主体的に研究を行い、発表を積極的に行う研究室に入ったため、自分で考え・動く力やプレゼンテーション能力が大幅に向上した。
- 専門的な学科の知識を得ることができた。これまであまり触れてこなかった分野の知識を得て、視野を広げることができたと思う。
- 「目標に向かって努力し成長する」という経験を積む場として、ゼミナールは最適だから。
- プレゼンテーション能力や円満な人間関係を築く能力など、社会人としての総合的な能力も身に付くから。
- 技術者として働くうえでの専門的な知識を身に付けることができたから。

これもチェック！ シューカツを意識すると…？

「就職活動までにやっておいて良かったこと」を尋ねたところ、上位3項目は50ページの「学生時代に『やっておいて良かった！』こと」と変わらないが、4位に「企業でのインターンシップ」が入っていた。企業や業務内容について理解が深まることのほか、「社会人との関わり方を学んだ」「会社の雰囲気を知ることができた」「自分自身が企業に何を求めているのかを擦り合わせることができた」「現実的なキャリアプランを考えられるようになった」など、さまざまな面からインターンシップを肯定的に捉えるコメントが目立った。

88～89ページも参考にしてみよう。

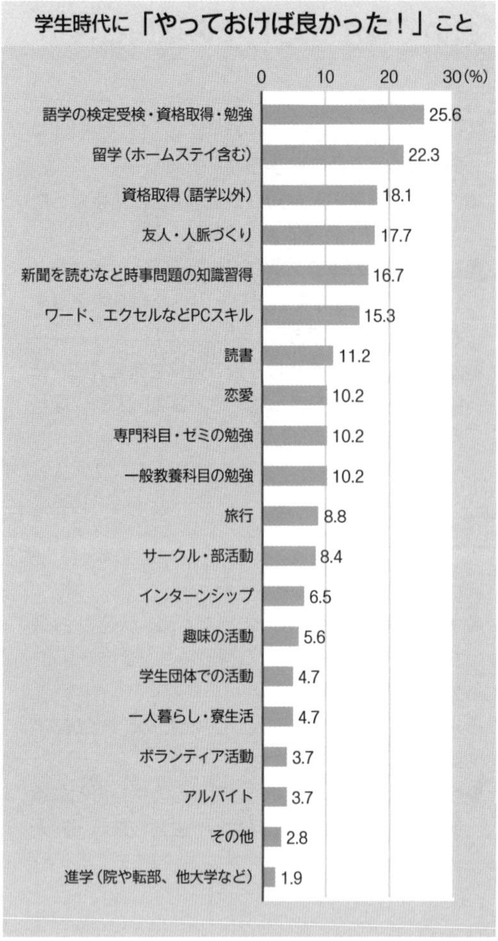

日経HR「内定者調査2022年版」

やっておけば良かった「語学の勉強」

「やっておけば良かった」ことのトップは、「語学の検定受検・資格取得・勉強」で25.6%。2位が「留学（ホームステイ含む）」で22.3%。語学力アップの機会を逃したことを悔やむコメントが並んだ（下記参照）。就職活動をする段階になって、語学やグローバル社会に順応することの重要性をひしひしと感じている学生の姿がうかがえる。3位は「資格取得（語学以外）」（18.1%）で、「社会人になってから資格の勉強をするのは難しいだろうから」「入社後に必要になるので取っておけば良かった」という仕事を意識した声のほか、「エントリーシート（選考書類）の資格欄が寂しく見えた」といったコメントもあった。

一方、「やっておいて良かった」でトップだったアルバイトはわずか3.7%。多くの学生がアルバイトを体験していることの裏返しといえる。

先輩たちの生コメント　やっておけば良かった！ その理由とは？

1位　語学の検定受検・資格取得・勉強

→101ページも参考に！

- 時間のある大学生の間に習得しておけばよかったと今になって思うため。
- 今後、日本国内だけでなく、グローバルに展開する企業も増えると思うので、語学力は重要であると考える。
- 就職先からTOEICをもう少し頑張るように言われたため。
- 就職後には海外での仕事もあり得るためキャリア形成に向けて語学力を高めておくといいと思ったから。
- 海外出張ができるくらいに語学ができればよかったと思う。

2位 留学（ホームステイ含む）

→85～87ページも参考に！

- 語学力をもっと高めておけばよかった。会社は語学力がある人を必要としていると感じた
- 日本以外の文化を学びたいから。
- コロナ禍で実現できなかったが、長期留学に行って語学を学び、異国の文化に触れたかった。
- 新しい環境に飛び込む経験が不足しているから。
- 自分の中で形成されている価値観の多くが日本で生活をしている中で形成されたものであったため、異なる価値観を経験するためにも留学をすべきであったと感じている。
- 本場に行き、英語のスピーキングができるようになりたかったが、社会人になってからはそれが難しいから。
- 外資系のIT企業に特に魅力を感じていたため、留学にいくことでグローバルに働くということの視点を身に付けたかった。
- 今まで日本を出たことがなく入社予定企業も極めてドメスティックなので、大学時代が唯一の海外を知るチャンスだったと思うから。

これもチェック！ シューカツを意識すると…？

「就職活動までにやっておけば良かったこと」を尋ねたところ、もっとも多かったのは「新聞を読むなど時事問題の知識習得」だった。「世の中の動きや経済についてもっと知っておけば、就活でもより深く企業選びを考えられた」「社会に対して何ができるのかを就活前から考えれば、より選択肢を広げられた」など、企業や仕事選びの選択肢を広げられたのではないかと感じた学生が多かったようだ。「面接で一般常識がないことがばれてしまったから」といった声もあった。2番目に多かったのは「語学の検定受検・資格取得・勉強」、3番目が「友人・人脈づくり」だった。

先輩から後輩の皆さんへ → 実り多い学生生活を送るためのアドバイス

チャレンジが大事

- 学生である以上、学習を大切にする。学校での学びから得られるものは全て得る、という気持ちで学んでもらいたい。
- 何でもいいから１つ、これは頑張ったと思えることを作った方が良い。
- 時間はたくさんあるようですごく限られているので、やりたいと思った事にはどんどんチャレンジしていってほしい。
- やりたいことはもちろん、苦手だと思っていることにも果敢に取り組んでみてほしい。
- 学生の一番の強みは、失敗が許されること。どんな事にも次々と挑戦して、失敗を積み重ねておくと良い。その失敗の数が、就活のときに強みになる。
- 就活のことは気にせずに、思いっきりやりたいことに没頭してほしい。やりたいことをやりきったという満足感が、就活で拘束されている時期の励みになる。
- 資格を取ろう、特に語学。

多くの出会いを

- 長期休みを利用しよう。大学生は約２カ月の長期休みが１年に２回、つまり計４カ月。私は１つの長期休みに必ず、１つの目標ややるべきこと・やりたいことを決めて実行した（短期留学や自動車免許合宿、旅行など）。
- 引きこもらずに、できるだけ多くの人と関わるべきだと思う。何にもとらわれず、自由な出会いができる時間と環境を無駄にしないでほしい。
- 将来何がしたいか分からない人は、歴史や政治・経済の本を読むこと。読書で蓄えられた知識がきっかけで、目標が見つかるかも。
- とにかく人と会い、見聞を広げることが大事。そのための手段として、旅行やインターンシップ、授業などさまざまな方法がある。
- 学生はもっとも自由な時間の多い期間。ぜひ、日本だけでなく世界を見に行ってほしい。新たな価値観や貴重な経験ができ、それがそのままこの先に生きてくる。

社会人編〈文系出身者〉

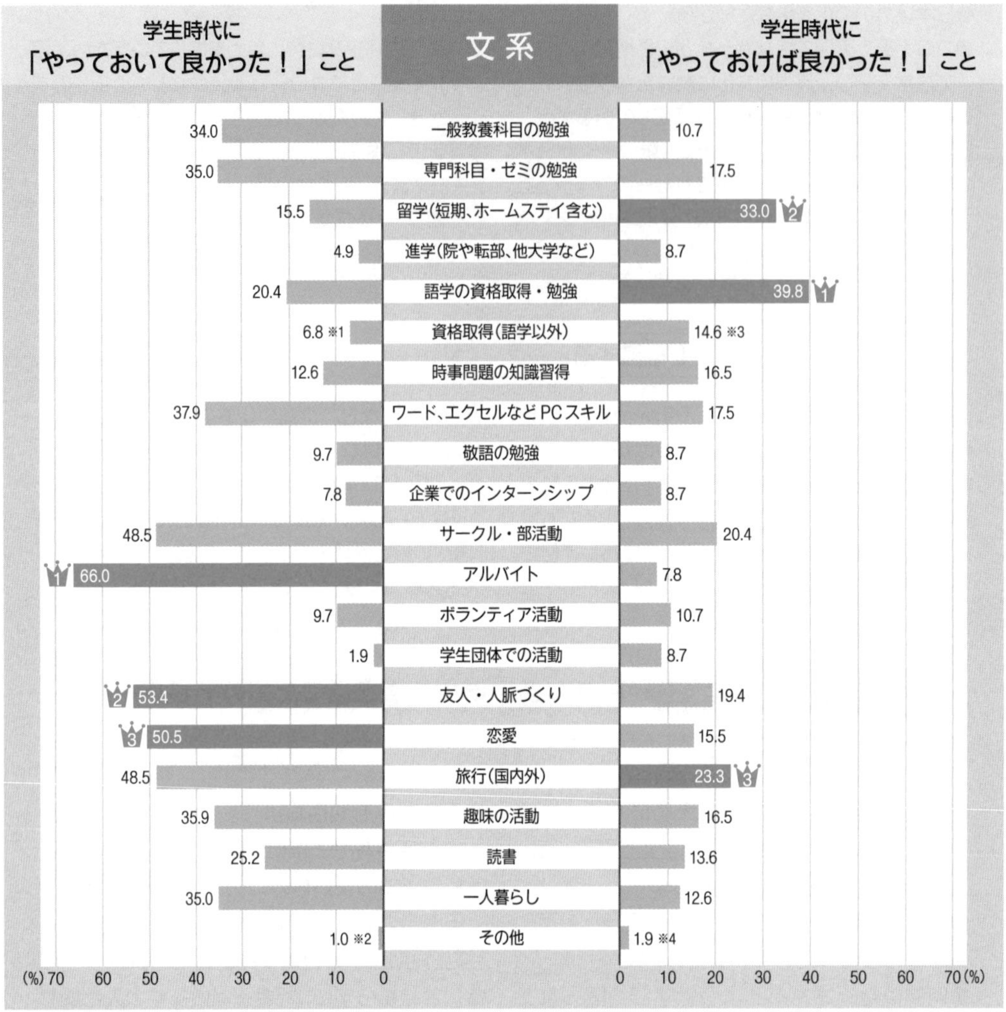

※1　簿記、秘書検定、宅建、情報処理関連資格、社会福祉主事、行政書士、保育士など
※2　社会人では休みが取れないほどの長期旅行など
※3　簿記、司法書士、行政書士、宅建、カラーコーディネーターや色彩検定、通訳に関連する資格、秘書、志望業務に関連する資格など
※4　文字をきれいに書く練習など

社会人になって知る人脈の大切さ

社会人（文系出身者）の「やっておいて良かったこと」のトップは、「アルバイト」。これは現役の大学生と同じだが、2位は「友人・人脈づくり」、3位は「恋愛」でいずれも50%超だった。「友人・人脈づくり」は学生では34.0%、「恋愛」は15.8%だから、働くようになって人脈や人間関係の重要性を感じるようになったことが分かる。

「やっておけば良かった」ことのトップは、「語学の資格取得・勉強」。2位は「留学」で、上位2項目は学生と同じ。3位は「旅行（国内外）」だった。時間的な制約が少ないうちに見聞を広めておくべきだった、ということだろう。

●調査概要：編集部が調査会社を通じ、全国の社会人経験3年以上10年未満の会社員を対象にインターネットで調査。学歴は大卒以上で、年齢は25～35歳。最終学歴の学部学科によって文系・理系を分け、回答数は文系103人、理系103人。複数回答

社会人編〈理系出身者〉

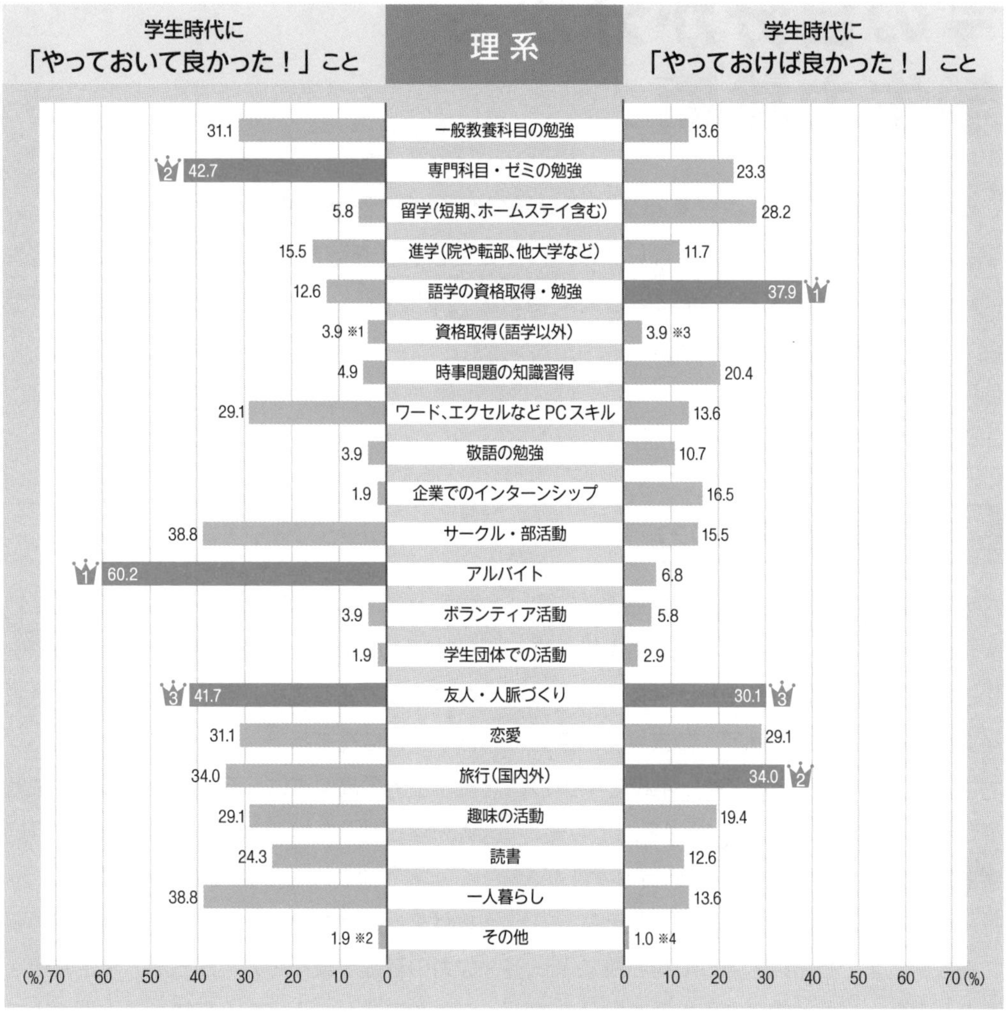

※1　簿記、基本情報技術者試験など　※2　寮生活、学科の変更　※3　環境計量士、電気主任技術者など　※4　ワーキングホリデーなど

「専門科目・ゼミ」重視の理系出身者

同じ社会人でも、理系出身者と文系出身者では、全体的な傾向は似ているが、個々の項目について特徴的な違いが見られた。

理系の「やっておいて良かった」ベスト3は、上から「アルバイト」「専門科目・ゼミの勉強」「友人・人脈づくり」。文系では35%だった「専門科目・ゼミの勉強」が42.7%で2位になった反面、文系では50%を超えた「恋愛」は31.1%にすぎない。また、大学生に比べ、社会人は「一人暮らし」を重要視しているが、理系の場合は「サークル・部活動」とともに4位となった。

「やっておけば良かった」では、「語学の資格取得・勉強」「旅行」「友人・人脈づくり」がベスト3。文系では20%を割った「友人・人脈づくり」が入っている。また、文系と比較すると、「ボランティア活動」に対する興味が低い傾向がうかがえた。

今の自分が分かる学生力診断

ここでは、社会に出て活躍する人材に成長できるかどうかを予想する「成長意欲」と、学校での勉強や将来就職する際に役立つ「学生基礎力」を診断。学生としての自分の力、「学生力」が見えてくる。質問に答えて自分の力を把握しよう。今後、学生生活をどう過ごすかの参考になるはずだ。

学校名よりも個人の力

大学等に入ると、その時点で誰もが「○○大学の学生」などというある種の肩書きを持つことになる。しかし、それは学校の歴史や卒業生が築き上げた評価で、つまり「学校名力」によるものだ。ところが、学校を卒業して仕事に就く際には、その学校名力よりも、学生自身が持っている力である「学生力」が、採用選考での評価の対象になる。

高校時代まで懸命に勉強して有名校に入ったとしても、卒業までの学生生活で自分を知り、足りない部分を補う努力をしなければ、学生としての力は高められない。反対に、新設校などのように学校名力がまだ定まっていない学校であっても、自分自身が成長できれば学生力は高まる。

学生力の高い人は、充実した楽しい学生時代を過ごせるだけでなく、その後も満足のいく就職や社会人生活を送る可能性が高まる。なぜなら、学生力は社会で生きるために必要な力の基礎を築くものだからだ。学生時代をどう過ごすかによって、卒業後の人生は大きく変わるのである。

学生力＝成長意欲＋学生基礎力

では、高校卒業までに身に付けたことに加えて、入学後は何に取り組めばいいのだろうか。それを探るために、ここでは今後どれだけ成長できるかという「成長意欲」と、学生としての基礎的な力である「学生基礎力」の2つを測る診断を用意した。これを手掛かりに、自分の弱い部分を強化すれば、社会に出て活躍できる人材に成長する。

まず、成長意欲とは、学生時代にさまざまな経験を積んで人間的に成長したいという意欲。学生が成長するための要素を5つに分類し、現状でどのくらいの成長意欲が自分にあるかを調べられるようにしてある。

①目的意識／常に「何のために？」を考えて行動できるか。

②価値観／自分が考え、行動するときの基準があるか。

③ストレス／精神的なプレッシャーに対応できる力があるか。

④友人関係／互いに励まし、助け合える友人がいるか。

⑤経験／人が成長するために不可欠な経験をしたことがあるか。

一方、学生基礎力は、勉強や研究に役立つのはもちろんだが、いずれ取り組まなければならない就職活動や、卒業後の仕事でも生きてくる。その基礎力を測る項目は以下の通りだ。

①読む・書く、②聞く・話す／コミュニケーション能力があるか。

③考える／応用力や物事に取り組む姿勢はどうか。

④基礎学力／国語・算数・英語などの力はどのくらいか。

⑤マナー／社会生活をするうえで必要とされることが身に付いているか。

◇　◇　◇

では、以下の「診断の仕方」を読んで、次ページの診断をやってみよう。

診断の仕方

58、59ページの成長意欲・学生基礎力診断の各質問を読んで、当てはまると思ったら、質問表の下にある回答欄に「○」を付ける。タテに「○」の数を合計し、60ページのレーダチャートに記入すると、成長意欲と学生基礎力の各項目の強い部分と弱い部分が分かる。その結果を基に、これからの学生生活の送り方を考えてみよう。

回答欄	1	○	2	○	3
	6	○	7	○	8
	11		12	○	13
	16	○	17	○	18
		↓		↓	
○の数	a	3	b	4	c

1. 質問を読んで当てはまると思ったら、下表(回答欄)の該当する数字に「○」を付ける。

2. 「○の数」のところに、タテ列の「○」の数を合計し、記入する。

3. 60ページにあるレーダチャートのメモリに、それぞれ該当するアルファベット部分の「○」の数を記入し、それぞれの点を線で結ぶ。アルファベットの**a～e**が成長意欲、**f～j**が学生基礎力となる。

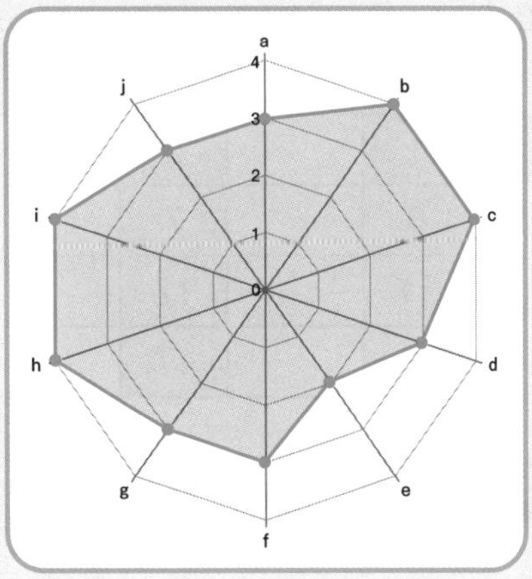

4. 点で結んだ図形が大きければ大きいほど、学生力が強く、小さければ学生力は弱くなる。強い部分はさらに強くなるように心掛け、弱い部分は62～67ページを読んで強化していこう。

学生力診断（成長意欲）

WEBよりダウンロード可

以下の質問に対し、当てはまると思う場合には、質問表の下にある一覧表（回答欄）の該当する番号部分に○を付け、その数を合計しよう。

1	尊敬する人、目標となる人がいる
2	学年の違う友人がいる
3	小、中、高、大など進学の際に、受験を2回以上経験した
4	高校時代の友人と付き合いがある
5	サークル・部活動に所属している、または所属したい
6	将来、やってみたいことがある
7	人から相談を受けることが多い
8	これまで挫折した経験がある
9	積極的に友人関係を広げようとしてきた、またはしている
10	学外の団体やボランティア活動などに参加している、または参加したい
11	目的を実現するために何か努力をしている
12	なんでも自分で決められる
13	人間関係に悩んだことがある
14	仲間と一緒に何かに取り組んだ経験がある
15	インターンシップに参加したことがある、もしくは参加したい
16	勉強したいことなど目的があるから今の学校に入った
17	留学（短期・ホームステイ含む）したことがある、またはしたい
18	運動部に所属していた、または所属している
19	保護者や先生とはSNSやメールだけでなく直接話すことが多い
20	アルバイトをしている、またはしたい

回答欄

1		2		3		4		5	
6		7		8		9		10	
11		12		13		14		15	
16		17		18		19		20	

↓ ↓ ↓ ↓ ↓

○の数

a		b		c		d		e	

60ページのレーダチャートへ

学生力診断（学生基礎力）

WEBよりダウンロード可

以下の質問に対し、当てはまると思う場合には、質問表の下にある一覧表（回答欄）の該当する番号部分に○を付け、その数を合計しよう。

1	日記を書いている
2	人の話を聞いてから自分の意見を言える
3	世の中の出来事に関心があり自分なりに考えている
4	授業を受ける際には予習・復習をしてきた、またはしている
5	ゴミなどを道に捨てない
6	論作文など文章を書くのが得意だ
7	相手の言うことを正しく理解しようとして聞いている
8	人に教えることが好き
9	漢字の読み書きには自信がある
10	目上の人に対して敬語を使って話ができる
11	新聞やテレビ、Webサイトでニュースをチェックしている
12	物事を順序立てて考えて話すことができる
13	何かをするときには計画を立てるようにしている
14	TOEIC600点・英検2級以上だ
15	遅刻をしないなど、時間を守ることができる
16	小説など漫画・雑誌以外の単行本をよく読む
17	誰とでも仲良く話すことができる
18	気になったことは調べるようにしている
19	算数・数学は得意だ
20	あいさつできる

回答欄

1		2		3		4		5	
6		7		8		9		10	
11		12		13		14		15	
16		17		18		19		20	

↓ ↓ ↓ ↓ ↓

○の数

f		g		h		i		j	

60ページのレーダチャートへ

診断結果をレーダチャートにしてみよう！ WEBよりダウンロード可

58、59ページの成長意欲、学生基礎力の２診断で付けた「○の数」の数値を、レーダチャートの同じアルファベットのメモリ部分に書き込んでいこう。全10項目分を書き入れ、それを線で結んでいけば、「学生力のレーダチャート」の完成だ。これで、自分の強い部分、弱い部分が分かる。

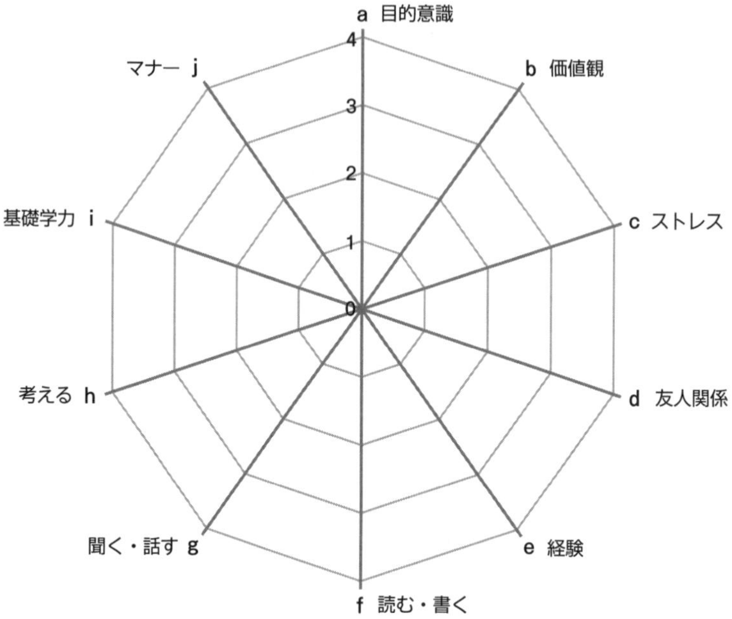

▶診断項目とアドバイス

レーダチャートはできただろうか？ 10項目は、下表のように成長意欲と学生基礎力の2つに分けられる。

数値の高いところが強い部分、低ければ弱い部分だ。次ページに掲載した診断結果例のうち、自分はどのタイプに近いのかを見てみよう。タイプ別に、ワンポイントアドバイスも付けてある。また、62ページから67ページには、10項目それぞれについての説明と、弱い部分を強化するためのアドバイスを用意した。ぜひ、アドバイスを取り入れて「学生力」を鍛えよう。

学生として必要な能力や考え方はこれ以外にもあるが、これらの基本的な能力を意識しながら学生生活を送れば、意識せずに過ごしている人と必ず差が出るはずだ。同時に、卒業を迎える頃には、人間的に大きく成長しているだろう。

成長意欲	学生基礎力
a：目的意識	f：読む・書く
b：価値観	g：聞く・話す
c：ストレス	h：考える
d：友人関係	i：基礎学力
e：経験	j：マナー

あなたはどれ？ ［ タイプ別 診断結果例 ］

ここには、学生力診断で表れる代表的な診断結果を、タイプ別に6種類用意した。さて、あなたはどのタイプ？

このまま成長しようタイプ

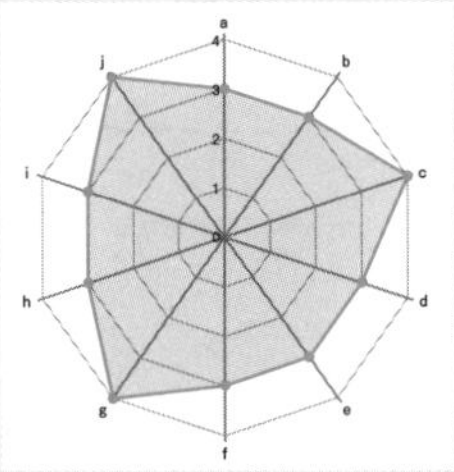

このタイプは、学生生活を送るうえで必要な基礎力も、成長しようという意欲もある。常に目的意識を持っていろいろなことに挑戦し、経験を積んでいけば、学校を卒業するまでには社会で活躍できる人材に成長するだろう。

自分を変えようタイプ

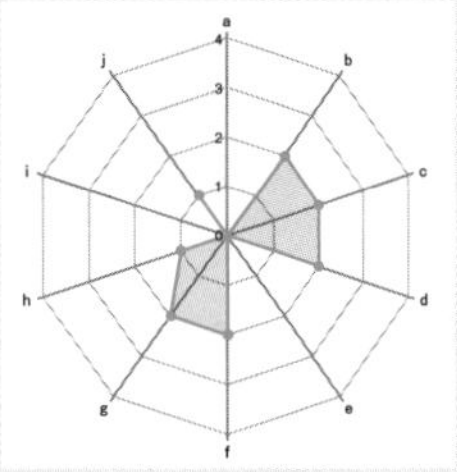

成長意欲、基礎力ともにやや低いレベルではあるが、低学年の学生はこのタイプに該当するかもしれない。今後の学生生活でどれだけ成長できるかは、自分次第。本書を読んで、意識的に成長するための方法を実践していこう。

成長意欲あふれるタイプ

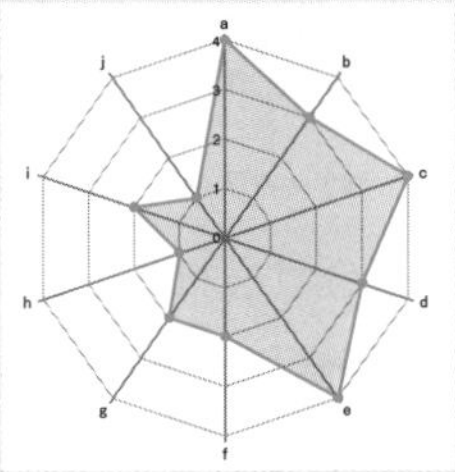

学生生活で、どんどん成長したいという意欲を持っているタイプ。しかし、勉強やサークル・アルバイトなどをするうえで必要な基礎力が不足気味である。基礎学力や語学力、コミュニケーション能力などを鍛えよう。

基礎力はバッチリタイプ

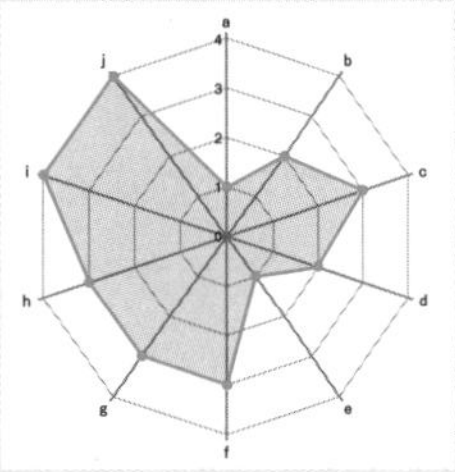

基本的な学力は十分あるが、積極的に学生時代に成長しようという意欲が、やや欠けている。失敗を恐れずに、学生だからこそできることにどんどんチャレンジしたい。自分の成長した姿を想像してみよう。

頭でっかちタイプ

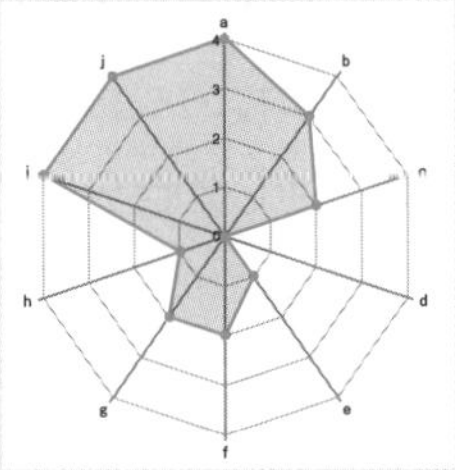

学校での目的や基礎学力など、頭の中で考えることが得意なタイプ。ただ、実際の経験や人と接する機会が不足しているのでは？　未経験のことに挑戦したり、交友関係を広げてコミュニケーション能力を伸ばそう。

とりあえずやってみるタイプ

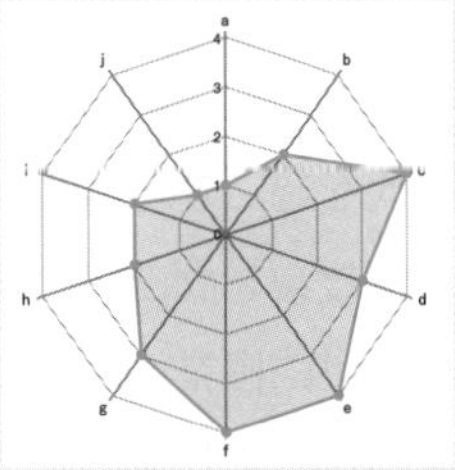

人と接したり、新しいことに挑戦するのが好きな人はこのタイプに属する。でも、ちょっと立ち止まって、「なぜ？」と考えてみることも大事だ。基礎学力を含め、論理的に物事を考えられるように、勉強にも力を入れよう。

こうして「学生力」をパワーアップ！

「学生力」レーダチャートで、自分の強い部分と弱い部分がはっきりした。弱い部分を強く、強い部分はもっと強くするために、各項目の解説とアドバイスを読んでみよう。

どれだけ成長できるかが分かる

成長意欲の5つのポイント

人間的にどれだけ成長して、社会で活躍できる人材になれるかを測るのが成長意欲。これには、以下に挙げる「目的意識」「価値観」「ストレス」「友人関係」「経験」の5つのポイントがある。

▶ 目的意識

目的意識とは、「何のために行動するのか」を常に考えて行動しているかどうかということ。この目的意識を持っていないと、やる気が出なかったり、努力しなかったりすることが多い。行動する前に目的を明確にし、どこまで努力するのかを決めておけば、最善の結果にたどり着きやすい。

例えば、勉強したいことや挑戦したいことがあって現在の学校・専攻に進学したとすれば、目的意識は明確だ。しかし、自分の偏差値に合う学校・専攻を選んだだけなら、目的意識のないまま学生時代を過ごす可能性が高い。目的意識がないと、授業を面白いと思えないし、卒業するためだけに授業に出て単位を取得するという状況になってしまう。そして、「卒業できたけど、何も身に付かなかった……」という結果になる。

学校では、勉強でも、サークル・部活動でも、学生自身の自主性に任せられることが多い。自分で目的を定めて履修科目を決めたり、学内外の活動に参加したりできる。だから、その反対に自分で積極的に決めたり、動いたりしなければ、何もしないまま学生生活を終える可能性もある。

入学当初は何も目的がなくても、学生生活で何を学ぶか、何を身に付けるか、どう成長するかなど、自分なりの目的を早いうちに決めることが大切なのだ。「学校の成績を良くしたい」「サークル活動を通して自分の可能性を探りたい」「多くのアルバイトをすることで働く現場を見たい」など、手始めに身近な目的でいいから、取り組むことを見つけよう。これが、学生生活を楽しむための第一歩となる。

▶ 価値観

価値観とは、人が物事を判断したり、行動したりする際の基準となる考え方のこと。誰でも、「自分をしっかり持ちなさい！」などと言われたことがあるのではないだろうか。この「しっかり自分を持つ」というのが、「価値観」である。人によって異なるため、価値観の違いから、ときにはいさかいにまで発展してしまうこともある。

一方で、自分の価値観が定まっていない人もいる。そんな人はいさかいに巻き込まれることもない反面、判断基準を持っていないので、大事なことでも他人の判断に頼るしかない。自分一人では、何も決められなくなってしまう恐れもあるのだ。学生生活だけでなく、長い人生においては必ず、決断を迫られることが起きる。そのとき、価値観をしっかり持っていなければどうなるだろう。

価値観は性別、年齢、育った地域・国など、さまざまなことから影響を受けるため、人の数だけ存在する。だから、自分の価値観を持つと同時に、自分と異なる価値観でも理解し受け入れることが必要だ。高校までは限られた地域、同年代の生徒同士での付き合いがほとんどだが、大学や短大、専門学校に入れば年齢も出身も異なる学生が同級生になる。このような環境の中で、自分の価値観を保持しつつ、いろいろな価値観に触れ、理解することが成長につながっていく。

▶ ストレス

ストレスとは、「心身に何らかの刺激が与えられたことによって、心身が悪い方向に反応すること」。誰もが少なからずストレスを感じており、ストレスのない生活を送ることは不可能に近い。例えば、人間関係でストレスを感じている人が誰もいない場所に行くと、今度は孤独がストレスになったりする。だから、ストレスを避けると同時に、うまく付き合うという姿勢が求められる。

学生時代もストレスを受けるが、社会人になれば仕事や家庭生活、金銭面など、ストレスの原因は格段に増える。そのためにも、学生時代からストレスへの対処方法を身に付ける必要がある。悩みを相談できる人がいるかどうかも大切だ。他人に話をするだけでも、気持ちが和らぐこともある。

学生時代には、勉強についていけない、分からないといった「学業」、友人や異性、先輩、先生といった他人との間で生じる「人間関係」、一人暮らしの人が抱える「家事・生活費」などが、ストレスの原因になる。こうしたストレスへの対処法を身に付けることだ。ただし、自分では対処できなかったり、体に何らかの変調が表れたりした場合は、すぐに専門のカウンセラーや医師に相談しよう。

友人関係

人間は一人では生きていけない――。言うまでもなく、人は周囲の人と互いに協力し合って生活しており、これは学生生活も例外ではない。年齢も出身も異なる同級生が増え、より多くの友人ができ、自分とは異なる価値観に触れる。他人の影響を受けて視野が広がり、自分の価値観も変化していく。また、友人との人間関係はストレスの原因になることもあるが、相談することでストレス解消の手助けにもなる。

学生時代の友人は互いに利害関係なく付き合っているので、本当に困ったときには相談できる間柄だ。さまざまな分野にたくさんの友人がいれば、社会人になっても、いつか力を貸してもらうことがあるだろう。また、親友ができるのは、この時期が最後のチャンスかもしれない。だからこそ、学生時代には親友と呼べる友人を作っておきたい。もちろん、友人との会話でコミュニケーション能力を磨くことも忘れてはならない。

経験

人が成長するには、さまざまな経験が必要になる。学生時代という自由に使える貴重な時間をぜひ活用するべきである。学生の本分は当然ながら勉強や研究だが、勉強以外の活動も人間的な成長に大きく影響する。学内では勉強以外にサークル・部活動、学外ではボランティア活動や学生団体、アルバイト、インターンシップへの参加など、やってみるべきことは多い。

ただし、単にいろんなことを経験するだけでなく、経験を通して、これまで説明してきた「目的意識」「価値観」「ストレス」「友人関係」などの強化・充実につなげようという意識を持つことが大切だ。例えば、接客業のアルバイトをする場合、こう考えてみよう。

①お金を稼ぐだけではなく、より良い接客態度を身に付けようとする ＝ 目的意識 → 仕事への取り組み方の変化

②多くの顧客と接する ＝ 多様な価値観 → 人に合わせた接客方法の習得

③顧客のさまざまな要望 ＝ ストレス → ストレス対応力の向上

④アルバイト仲間や店の社員、顧客との付き合い ＝ 友人関係 → 人脈の広がり

このように、経験を通してあらゆる面での成長が期待できる。考えるだけでなく行動すること、つまり経験してみることがとても大事なのだ。

勉強から就職にまで役立つ

学生基礎力の5つのポイント

勉強や研究だけでなく、就職活動での試験、その後の仕事でも必要になるのが学生基礎力。その基礎力を測る項目としては、「読む・書く」「聞く・話す」「考える」「基礎学力」「マナー」の5つのポイントがある。

読む・書く

大学や短大、専門学校では、授業の教科書をはじめ、多くの専門書に接する機会が増える。また、試験では記述式の解答がほとんどで、普段の授業のときから教科書を読みこなし、内容を正確に理解してまとめておくといった能力が求められる。さらに、卒業論文を執筆する際には、相当な量の文章を書かなければならない。

就職活動でも、選考の第一関門となる応募書類のエントリーシート※では、「自己紹介」や「会社を志望する理由」などを400～800文字程度で記入するよう求められる。業界によっては、論作文を書かなければならないこともある。「読む・書く」の2つの能力は大学等での勉強、就職活動には欠かせない能力といえる。

将来の仕事でも、参考資料を読んだり、報告書や会議の議事録を書くことがある。また、社内外の仕事に関するやり取りはメールを使って行われることも多く、文章から相手の意図を理解し、自分の意図を分かりやすい文章で伝える能力も求められるのだ。

この「読む・書く」の能力を強化するには、学生時代に多くの文章に接することだ。有効なのは新聞で、単に情報源としてだけでなく、文章を読む練習としても良い媒体だ。また、長い文章を読むことにも慣れなければならないので、書籍も読んだほうがいい。書く練習としては、新聞を読み、気になった記事について、自分の意見をまとめる練習をしよう。

※企業が独自に作成した応募書類。履歴書のような内容に加えて、各企業が独自に作成した何問かの設問がある。

聞く・話す

「読む・書く」と同等に重要なのが、「聞く・話す」能力。人の話を聞いて理解し、自分の意見を相手に分かりやすく話すといった能力だ。簡単に言えば、他人とうまく会話をする能力である。聞くといっても、ただ聞いているだけではなく、話の内容をきちんと理解しなくてはならない。授業では、先生が教科書にはない内容を話すことも多く、聞いて理解できなくては授業に出席する意味がなくなってしまう。

会話をする際に、相手が話しやすい環境をつくれるかどうかも重要になる。相手の目を見て、同意できるところでうなずいたり、相づちを打ったりするだけで人は話しやすくなる。同様に、自分が話す際にも相手の目を見てゆっくりと順序立てて話せば、相手も理解しやすい。また、いずれはゼミや学会などで研究発表をする機会もあるだろうし、就職活動では面接が最も重要な選考となる。「聞く・話す」という能力はとても大切なのだ。普段から友人と話す際には、自分の理解が正しいのかどうか、自分の考えが正しく伝わっているかどうか途中で確認してみるといいだろう。

考える

基礎学力の維持だけでなく、「知識をどのように生かすか」を考える力は、特に重要になる。高校までの授業では、先生が教えてくれることを吸収するという、どちらかといえば受け身の学習姿勢で良かった。ところが、大学や短大、専門学校では自分で受講する科目を選び、自ら積極的に学ぶ姿勢で授業に臨まなければならない。

ゼミや研究室での研究や論文作成は、自分でテーマを設定し、仮説、分析、検証、結論といった考え方で論文を作成し、研究発表をしなければならない。その場合には、先生は助言をしてくれても、すべてを手取り足取りでという教え方はしないだろう。むろん、社会に出て働くようになれば、経験したことのない事柄を解決したり、乗り越えたりしなければならない。学生時代に、誰かに指示されてから行動するのではなく、主体的に考える力を身に付けることは必須だ。自分で考えてから、自分の行動を決めるという習慣を身に付けるようにしたい。

基礎学力

これからは高校までの学力を土台に、より高度で専門性の高い勉強、もしくは研究をする。そのためには、高校までに学んだ国語、具体的には漢字の読み書きや読解力、算数・数学での計算力や論理的思考力は維持しておかなければならない。これらの基礎的な能力があってこそ、専門的に学んだことを研究や論文作成に生かせるのだ。

また、基礎学力は、やがて就職での採用試験でも試されることになる。就職時に選考を受ける場合、エントリーシートを提出しなければならないが、そのなかで「自己紹介」や「学生時代に打ち込んだこと」などについて400～800文字程度で記入する。筆記試験では国語・算数の問題が出題される。また、面接では相手の質問の意図を把握し、的確に回答しなければならない。

このように、高校を卒業したからといって基礎的な勉強をしなくてもいいわけではなく、基礎学力も維持しながら、専門的な知識・スキルを身に付けていかなければならないのである。

マナー

マナーに関しては、高校生までとそれ以降では世間の目はかなり違う。もちろん、高校生なら「まだ子供だから」として許されても、18歳の成人年齢となれば大人として扱われることになり、ルールを守ることは当然だとされる。きちんとあいさつをしたり、敬語を使ったり、社会の一員として社会のルールを守り、大人として人との付き合い方を身に付けなければならない。

あいさつ、言葉遣い、時間厳守など、当たり前のことを当たり前にできる。これは、就職活動などでの公式な手紙・メールの送り方、電話のかけ方、OB・OG訪問時や面接でのあいさつや話し方にも影響する。普段の生活の中で、自分の言動が社会のルールから外れていないかを確認・意識する癖を付けよう。

以上が、成長意欲と学生基礎力の各項目とアドバイスだ。学生力をアップさせる方法のヒントになったのではないだろうか。

次章からは、学生生活の送り方を【学業】【学内活動】【課外活動】の３つに分け、どのような活動にどう取り組めば成長できるのか、具体的に紹介していく。自分に合っていそうな活動を探してみよう。

「成長意欲と学生基礎力を高めるノート」を書いてみよう

成長意欲と学生基礎力の中で、点数の高かった項目と低かった項目を抜き出し、なぜそれが高くなったのか、なぜ低くなったのか、それぞれ理由を考えて次ページ以降の「高めるノート」に書き出してみよう。成長意欲が高ければ充実した学生生活を送れるし、学生基礎力が高ければ社会で働くうえで必要になる社会人基礎力（第10章参照）も身に付くだろう。これからの学生生活を通して足りない部分を伸ばし、良い部分はもっと伸ばすように努力をしてほしい。

■「成長意欲を高めるノート」の書き方

何事をするにも、成長しようという意欲がないことには始まらない。
点数の低いところがあった場合、どうすれば高くなるのかを考えることが重要になる。

低かった項目	低かった理由	どうすれば高くなると思うか
目的意識	大学での目標を持ってない。	目標となる人を探したり、将来やりたいことの目標を作るようにする。
価値観	異世代、異文化と接点がない。	同世代や学内の友人だけでなく、もう少し学外の人と交流を持つようにする。
友人関係	高校まで部活動などをしてこなかった。	サークルに入って何でも話せるような友人を多く持つようにする。

点数が低かった原因は何かを明確にしよう。それが分からないと高くすることはできない。

成長意欲は気持ちの持ち方次第。前向きに考えよう。

高かった項目	高かった理由	どうすればもっと伸びると思うか
ストレス	大学受験で浪人した。	いろいろな経験をすることで、多くの困難な場面に遭遇するようにする。
経験	これからやってみたいことがたくさんある。	やってみたいではなく、何をやるか決めて実際に行動してみる。

点数が高かった原因は何かを書き出そう。特定の習慣や行動があるかもしれない。

具体的な目標設定ではなく、どうすればいいのかアイデアでいいので書いてみよう。

「成長意欲を高めるノート」を記入して気付いたこと

やってみたいことはあっても具体的な目標がなかったので、これからは目標を持ってやってみたいことに挑戦しようと思った。また、サークルとかみんなで楽しく活動できることにも積極的に参加したいと思った。

成長意欲を把握して総合的な感想をまとめてみよう。

成長意欲を高めるノート

WEBよりダウンロード可

低かった項目	低かった理由	どうすれば高くなると思うか

高かった項目	高かった理由	どうすればもっと伸びると思うか

「成長意欲を高めるノート」を記入して気付いたこと

■「学生基礎力を高めるノート」の書き方

学業だけでなく、他人とコミュニケーションを取るうえでも必要になるのが学生基礎力。
成長したいという意欲を具体的な能力にする方法を考えよう。

低かった項目	低かった理由	どうすれば高くなると思うか
基礎学力	あまり勉強は好きではなく、これまで勉強してこなかった。	これからは授業の予習・復習をし、TOEIC 受検、留学などをしようと思う。

高校までの学習態度などを振り返り、点数が低かった理由を考えて記入しよう。

基礎力は急激に高くなるものではないので、地道な努力目標が必要だ。

高かった項目	高かった理由	どうすればもっと伸びると思うか
読む・書く	新聞や本をよく読んでいるから。	今のまま新聞・本を読む。日記などを付けて書く力も磨きたい。
聞く・話す	話すのは苦手だけど、人の話をちゃんと聞くことができるから。	授業で発表などを積極的にして、人と論理的に話せるように心掛けたい。
考える	新聞や本を読んで分からないことがあれば調べるようにしている。	考えて自分の意見を持つようにする。
マナー	いつもマナーなどは守るようにしている。	敬語の勉強をする。

高校までの学習態度などを振り返り、点数が高かった理由を考えて記入しよう。

日々の生活・学業の中で磨かれていく力なので、いかに充実した生活を送るかが重要だ。

「学生基礎力を高めるノート」を記入して気付いたこと

新聞や本を読んでいるので国語的な力はあるけど、それ以外の英語や数学的な知識が足りない。また、自分の意見を言ったりすることが苦手なので、そこを克服したいと思った。

自分の学生基礎力を把握して気付いたことを記入しよう。

学生基礎力の中でも「読む・書く、聞く・話す」は重要

学生基礎力にある「読む・書く」「聞く・話す」という力は、自分一人で身に付くものではない。他人の書いた文章を読み、自分の書いた文章を誰かに読んでもらうことによって、読みやすい文章かどうかが分かるようになる。また、他人の話を聞いて理解する、相手に分かりやすいように話すことも自分一人ではできない。

これら「読む・書く、聞く・話す」をまとめてコミュニケーション力といい、企業が最も求める能力といわれている。講義を聞き、考え、レポートにまとめるなどの学業面はもちろん、仕事や社会生活を営む上でも欠かせない能力といえよう。学生生活の中でさまざまな人と一緒に何かに取り組むことで、コミュニケーション力が培われる。

学生基礎力を高めるノート

WEBよりダウンロード可

低かった項目	低かった理由	どうすれば高くなると思うか

高かった項目	高かった理由	どうすればもっと伸びると思うか

「学生基礎力を高めるノート」を記入して気付いたこと

第7章

Part 3 学生生活実践編

授業の受け方、ノートの取り方、発表…

成長する学生生活の送り方【学業編】

プロローグで、社会で活躍するために学生生活で身に付けるべき力について説明し、第5章では先輩などに「やっておけば良かったこと」などを聞いた。そこで、第7～第9章では社会人として必要な力を身に付け、先輩たちの「良かった」という点を取り入れるには、学内・課外活動にどう取り組んでいけばいいかを考える。第7章は学業についてだ。

低学年時の学習がゼミや研究テーマにつながる

高校までは、決められたカリキュラムに沿って授業をこなす受け身の勉強をし、その目的は、ほとんどが「受験」だったという人が多いのではないだろうか。しかし、これからは、自分自身が「目標」を持って学習しなければならない。専門知識やスキルを身に付け、磨く、ゼミ・研究の準備をするためには、低学年時の学業をおろそかにせず、学習する習慣を付けることが大切だ。

また、プロローグで企業や社会から求められる「資質・能力・知識」が大切であることを説明した。その力は、学生時代に学業を通じて身に付け、高めていくことができる。ここでは、これからの学習方法とその成果がどのように未来につながっていくのかを説明する。

興味のあるテーマを選び、じっくり取り組む

入学直後は受験勉強から解放されたばかり。「最初のうちは少しのんびりしよう」と思っている人もいるかもしれない。しかし、それは大きな間違いだ。例えば大学では学生と先生が一緒に共通のテーマを学び、研究するゼミは、早ければ低学年、一般的には高学年に始まる。ゼミに入るには選考が課されることもあり、入学後に気を抜いていると成績によっては希望するゼミに入れなくなることもある。

専攻分野のゼミ・研究は高学年から始まることが多いが、低学年であっても専攻する科目の中から興味があるテーマを選んでじっくり取り組み、自分の考えを発表する機会を持つことはできる。そうした学びこそが、高校までとは異なる自発的な学び方になる。

74～77ページでは授業を受けることにより、どのような能力が身に付くのかについて説明している。低学年時から、短時間でも時間を決めて学習する習慣を付けよう。

学習法 6つのポイント

1 学生時代に何を学ぶかを決定

どんな分野のどんなテーマを一番勉強したいのか。大まかでも方向性を考えてから、それに沿って選択する科目や学習の方法を決める。

2 卒業までの単位取得計画書を作成

大学は124単位、短大は62単位と卒業に必要な単位数が決まっている。低学年時に効率よく取得すれば、高学年時には卒業論文や就職準備に時間を使える。

3 履修科目を慎重に選択

ガイダンスをよく聞き、シラバス（授業計画書）を詳しく読むこと。先生の特徴や講義内容が知りたいなら、友達や先輩、教務課の職員に聞こう。

4 受講の仕方、ノートの取り方を工夫

同じ科目の授業でも、先生によって講義の仕方や内容が異なる。特徴を早く把握することが、うまいノートの取り方にもつながる（75、138ページ参照）。

5 予習、復習の習慣化

予習、復習は学習の基本。自主性を重んじる大学では、高校以上に予習、復習が重要だ。特に低学年時には、予習しておけば講義内容が理解しやすい。

6 人とのコミュニケーションを深化

講義で分からない部分は、友達と話し合ったり、積極的に先生に質問しよう。情報交換を活発にし、授業で教わる以上に知識を深めたい。

算数・数学が嫌いな学生は、苦手意識をなくす努力を

社会人になると、仕事を進める上で算数・数学の考え方が必要になることがある。とはいっても、難解な計算式が必要になるのではなく、1商品あたりのコストを算出したり、統計データを比較・分析したりする程度だ。

仕事上必要なので、採用試験で算数・数学のテストが課されることもある。出題レベルは高くないが、文系の学生は解き方を忘れてしまっていることが多い。算数・数学が苦手で嫌いな学生は、得意にまではならなくても、選考用の練習問題を解いて練習するなど、就活前までに苦手意識をなくしておこう。

Ⅰ 授業へ出席する ⇒「マナー」「基礎学力」が身に付く

▶毎回出席を心掛けよう

授業へ出席することは、社会人として必要な「マナー」を身に付けたり、「基礎学力」を高めることにつながる。学生が授業を履修（登録）することは大学に対して「授業を受ける約束」であり、約束を守ることはマナーだ。さらに大切なのは「必ず毎回出席する」こと。高校時代と違って授業に無断欠席しても先生に怒られるわけではないし、注意する人もいない。出欠は自己責任。だからこそ自分への課題、ハードルを設けることが必要だ。自覚を持って臨めば誰にでもできることだが、すべてはそこから始まる。

真剣に意識を集中して授業を受けていれば、一般教養や基礎知識を得られるだけでなく、社会人となってから必要な表現力や情報を読み取る力なども自然と身に付いていく。仕事では資料作成や情報分析は日常的業務だから、まじめに学業に取り組むことで得られる成果は大きい。さらに、時間的な余裕があるこの時期に文学、芸術などの教養や、国際的企業では必ず求められる英語力も身に付けておこう。いずれ役立つときがくるはずだ。

Point!

- **授業を安易に休んだり、遅刻したりせず、必ず出席することがマナー。**
- **授業を集中して聞くことで、幅広い基礎学力・教養が身に付く。**

Ⅱ 先生の話を聞く ⇒「聞く力」が身に付く

▶なるべく前に座り、集中して聞く

授業で先生の話を聞くことは、「聞く力」の養成になる。聞く力とは相手の話を聞いて、言いたいことは何かを考え、疑問があれば質問し、趣旨を正しく理解することだ。社会人になると先輩や上司から仕事を教えてもらったり、顧客の要望を聞いたり、社内外の人と協力して仕事を進めていったりしなければならない。他人の話を聞いて理解することは、どんな仕事に就いても必要になる。

聞く力を養うには「話している人の顔を見る」「集中して話に耳を傾ける」「内容に対して頷いたりする」「疑問や分からない点はメモしておく」など、まず授業を聞く姿勢に気をつけよう。「話をボーッと聞いている」「頬づえをついたり、腕を組んで聞く」「食べ物やカバンなどを机の上に置く」「授業中にスマートフォンをさわる」「教室内でも帽子をかぶったままでいる」といった態度はとらないようにしたい。また、ある先輩学生は「なるべく教室の前のほうに座って聞いたほうが、先生の表情が見えるのでポイントが理解しやすく、テスト対策になる」と話す。

Point!

- **聞く姿勢（顔を見る、話に集中する、質問するなど）が大事。**
- **教室の前のほうに座ったほうが、重要な点を理解しやすい。**

Ⅲ ノートを取る ⇒「書く力」「考える力」が身に付く

▶ポイントを把握、整理して書き留める

授業を充実したものにするにはノートの取り方も重要。要点を分かりやすくノートにまとめる努力は、「書く力」「考える力」の強化になる。社会人は会議の議事録を書いたり、上司に提出する書類や営業先への提案書を作成したりなど、人の話や資料を文書としてまとめる機会が多い。学生のうちに、分かりやすく書く力を身に付けておきたい。

高校までは先生が板書してくれた内容をノートへ写せばよかったが、大学では板書してくれない先生もいる。大切なのは、講義のポイントを把握し、整理して書き留めることだ。ただ、話を聞きながら要点を書いていくといっても、最初は「どこがポイントなのか」が分かりにくいかもしれない。時間に追われることもあって、かなり難しい作業である。

うまく書き取るコツを挙げると、①予習する、②授業中は集中力をもって臨む、③ポイントは何かを常に考える――など。これを繰り返して慣れれば、ノートの取り方は上達していく。巻末138ページに先輩３人のノート記入例を掲載しているので、参考にして自分なりのまとめ方を身に付けよう。

Point!

- **講義の要点を把握し、整理して書き留める。重要度によって印を付ける。**
- **しっかりノートを取るには「予習」「授業への集中」「重要な点を考える」ことが必要。**

COLUMN

“ハードル”を上げてストレス対応力を

学生のうちに「ストレス対応力」を鍛えておくことは大事。働いていれば、やりたい仕事ばかりにかかわれるわけではなく、体力的・精神的につらい仕事にも取り組まなくてはならないこともある。体力面は若いうちならば何とか乗り越えられても、精神面は上手に対処していかないと病気になったり、それがきっかけで退社してしまうことにもなりかねない。

学業でストレスへの対応力を身に付けるには、「単位取得が厳しいといわれている先生の授業を履修する」「ゼミなどで他学生が尻込みするような課題・発表にチャレンジする」など、自分にプレッシャーをかけるという方法がある。少しキツイかもしれないと思うことに挑戦することによって、自分が乗り越えられる“ハードル”を上げていける。

とはいえ、難問・難題に取り組んでいると、「逃げ出したい」と考えるなどストレスを感じることも。そんなときはじっと耐えるだけでなく、自分なりの気分転換法を見つけてストレスを和らげられれば、対応力は鍛えられる。自分で見つけた対処法は、社会人になってつらくなったときにも使えるはずだ。

Ⅳ レポートを作成する ⇒「書く力」「情報収集力」が身に付く

▶詳しくは、巻末139～142ページ参照

▶結論までを論理的に説明

これからは論述試験や研究発表、レポート作成などを求められる機会が増えるので、「暗記」が中心の高校時代とは、学習の仕方が変わってくる。論述試験の準備やレポート作成の際には、教科書に書かれている内容をそのまま書き写すだけとか、与えられたテーマについて「きっと△△だと思う」という書き方では良い点数は得られない。

評価を上げるにはプラスアルファとなる内容が必要で、それには情報収集力がキーになる。教科書の内容や先生の話したことを理解し、客観的データなどを用いながら自分なりの分析結果や意見を論理的に表現してこそ、高い評価が与えられるのだ。「書く力」や「情報収集力」のほか、構成力や論理的思考力なども求められる。

世の中には膨大な情報があるが、試験準備やレポート作成は限られた時間の中で取り組まなくてはならず、どの資料に当たれば求める情報を得られるのかがポイントになる。それは、経験を通して身に付いていく力だ。先生や先輩に指導を仰ぎながら情報収集の仕方を学び、ある程度の回数をこなすうちにコツが分かってくるだろう。また、図書館も積極的に利用したい。レポートの書き方には形式があるため、1年生のうちにマスターしておこう。学校によっては書き方の指導を受けられる授業を設けている場合もある。

◆レポートの書き方

1 レポートのテーマ、形式、文字数、提出期限などを確認。

↓

2 締め切り日から逆算して、スケジュールを立てる。

↓

3 書く内容を決め、ポイントや構成を考える。

↓

4 資料を集める。

↓

5 全体構成を固めて、書き出す。

↓

6 何度も読み直して推敲《すいこう》する。指定の形式になっているかを確認。

↓

7 締め切り日のギリギリにならないように提出。

Point!

- レポートには書き方の形式があり、客観的な根拠・分析が求められる。
- 情報収集のコツは経験を積んでいくことで身に付けられる。

資料引用の仕方

レポートを書くとき、自分の結論に説得性を持たせるために、新聞・書籍の文章を引用することがある。引用した場合には引用文をカギカッコでくくり、「著者名」「引用元（著書名、発行元）」「出版年」「ページ」などの明記が必要。

引用を明確にせず、自分の文章のように表現してしまうことは「剽窃《ひょうせつ》」と呼ばれ、他者の知的財産を“盗む”ことになってしまうので注意しよう。141ページに、引用方法を具体的にいくつか載せているので、ぜひ確認してほしい。

Ⅴ 人前で発表する ⇒「話す力」「考える力」が身に付く

▶詳しくは、巻末143ページ参照

▶ゼミでの発表経験がいい訓練

社会人になると上司や顧客へのプレゼンテーション（プレゼン）など、人前で自分の意見を発表する機会が数多くある。論理的な発表をするには「話す力」や「考える力」が必要で、学生はゼミで経験を積むことが何よりの「訓練」になる。実際にやってみると、人前で声を出して自分の考えを分かりやすく伝える行為が、いかに難しいかが分かる。

聞いている人が理解しやすいように話すには、伝えたい結論を前もって明確にしておき、そこに至るまでの過程を簡潔に話すといい。自信のなさは態度や声のトーンに表れて、聞く人に不安感を与えるので、自信を持ってハキハキ話すことも大事だ。話している自分をスマートフォンで動画撮影して見てみるといいだろう。

発表するときは、結論を裏付ける表やグラフをまとめた資料などを使うのが一般的だが、グラフを見せるだけではなく、グラフのどの部分に注目したらいいのかが分かるようにしたい。スライド作成にはプレゼン用ソフト「パワーポイント（パワポ）」や「Keynote」を使うと便利。パワポは仕事でもよく使われるので、学生のうちから使い方に慣れておくと、社会人になったときにすぐに役立つはずだ。

また、発表の質を高めるには、発表後の質疑応答や議論も大事。それらを通じて、自分の発表で至らなかった点が見えてくることも多いからだ。参考までに巻末に、聞き手の役割や心得、ディスカッションのコツも示している。どのような立場でも、より良い発表になるよう心がけるようにしよう。

◆プレゼン資料の作成から発表まで

1 プレゼンのテーマ（内容）、聞き手、話す時間、日付などを確認し、スケジュールを立てる。

↓

2 聞き手を意識して、プレゼンの全体構成や必要になる資料、最も伝えたいこと（結論）を考える。

↓

3 結論を裏付ける資料（図表、グラフなど）を集める。

↓

4 発表資料（パワポ、レジュメなど）を作成する。

↓

5 リハーサルをしてみて、時間内に終わるか、伝えたいことが的確に伝わるかなどを確認。うまく伝わらない場合は、言い回しや資料の順を変える。

↓

6 発表時は、聞いている人の表情を見ながらハキハキと自信を持って話す。

Point!

- 結論を明確にし、簡潔にハキハキと自信を持って話すことが大事。
- パワポの使い方に慣れておくと、社会人になったときに苦労が少ない。

学業で「打ち込むことノート」を書いてみよう

第７章では、後悔しない学生生活の送り方として学生の本分である学業への取り組み方と、取り組みを通して身に付く社会人に必要な能力について説明した。これらを参考に、自分はどこに力を入れて、どのような能力を身に付けていきたいのかなどを考えよう。頭の中だけで考えるのではなく、ノート（右ページ）に書き出してみることで、自分の目標が明確になり、数カ月たったときに見直して進捗をチェックしたり、内容を変更したりできる。

■「打ち込むことノート（学業）」の書き方

「打ち込むこと（学業）」は、特定の科目名を挙げて目的を定めてもいいし、学業全体を通して身に付けたいことを考えるのでもいい。大事なのは、何となく授業に出席するのではなく、授業に出席する目的意識を持って、積極的な姿勢で学業に臨むということだ。

打ち込むこと	初年次ゼミ
目的	充実した学生生活を送れるように、大学での過ごし方を考え、高校とは異なる大学の勉強の仕方を理解したい。 また、１クラスが10数人しかいないので、友だちを作っていきたい。
取り組み方	・必ず予習をしてから授業に出席したい。 ・半期に１回担当するゼミ発表では、積極的に取り組んでいきたい。 ・同じゼミ生に積極的に話しかける。
身に付けたいこと	・他学生の意見をしっかり聞き、自分の意見を言える。 ・発表レジュメをまとめる、人前で分かりやすく発表する。

打ち込むこと	一般教養科目
目的	これまで新聞や本を読んでいるので、時事問題や国語的な知識はあるが、それ以外の分野での知識が乏しいので、１、２年の教養課程でしっかりと学び、幅広い教養を身に付けたいと思う。それによって将来の選択肢を広げたい。
取り組み方	履修している授業以外でも興味のある授業は、積極的に聴講してみる。
身に付けたいこと	・幅広い教養 ・計画的な学習方法 ・地道な努力を続けられる忍耐力

力を入れたい特定の科目でもいいし、「一般教養」などもう少し幅広いものを挙げてもいい。

上記で挙げた「打ち込むこと」を通して、どんなことを目指すのか、目的や目標を書こう。

「目的」を達成するために、どのように取り組んでいこうと考えているのかなどを記入する。

打ち込むことを通して、どんな能力が身に付けられるのか考えよう。社会人になったとき、役立ちそうな能力であれば、なお良い。

打ち込むことノート（学業）

WEBよりダウンロード可

打ち込むこと	
目的	
取り組み方	
身に付けたいこと	

打ち込むこと	
目的	
取り組み方	
身に付けたいこと	

成長する学生生活の送り方【学内活動編】

第8章は、第7章で説明した学業以外で“学生力”を伸ばす学内活動について説明する。授業・ゼミだけでなく、「サークル・部活動」「留学」「インターンシップ」「進学」など、学内での積極的な活動でも企業や社会から求められる力を付けていくことはできる。自分なりに取り組む目標を決めて、チャレンジしよう。

行動することで道は開ける

学生という立場を生かして、いかに学内活動を有意義にするかを考える手掛かりは、「サークル・部活動」「留学」「インターンシップ」「進学」の4つ。新たに始めたいことや将来の夢・仕事につなげたいこと、学生のうちだからこそできる活動など、色々とあるだろう。既に具体的なプランがある人もいるかもしれない。8章を読みながら、どんなことをしてみたいか、チャレンジできるかを探そう。

大事なのは、ただ頭の中であれこれ想像して、迷ってばかりいないこと。各項目の中で興味が持てそうなものがあったら、すぐに情報を調べ、とにかく行動を起こしてほしい。まず、一歩を踏み出そう。そこからすべてが始まる。また、「百聞は一見にしかず」というが、その場に足を運んで自分の目で確かめてみるなど、行動してみれば道が開けるに違いない。

「一番やって良かった」のは、サークル・部活動

ここで挙げた4つの活動はいずれも先輩たちが「やって良かった」と答える取り組みだ。就職活動を終えた大学4年生に、特に「やって良かった」活動を1つだけ選んでもらったところ、最も多かったのは「サークル・部活動」(24.2%)だった。「留学」(8.4%)は4番目、「インターンシップ」(4.7%)は6番目。「進学」(3.3%)は、大学卒業者の10人に1人程度(90ページ参照)なので順位は11番目だが、専門性を深めるという意味では3番目にある「専門・ゼミの勉強」(10.2%)の延長が「進学」である。

順位に関係なく、皆さんが「やってみたい!」と思える活動にチャレンジし、卒業するときに「本当にやって良かった」「このおかげで楽しい学生生活を過ごせた」と思えるよう、活動に一生懸命に取り組んでほしい。

4つの学内活動

Ⅰ サークル・部活動

思いっきり、好きなことをやっておこう！

82ページ

Ⅲ インターンシップ

インターン体験を1つの指針としよう！

88ページ

Ⅱ 留学

海外に留学するなら、目的を見つけてから！

85ページ

Ⅳ 進学

専門性を深めたいなら進学することも！

90ページ

◆学生生活の中で、一番やって良かったと思うことは何か？

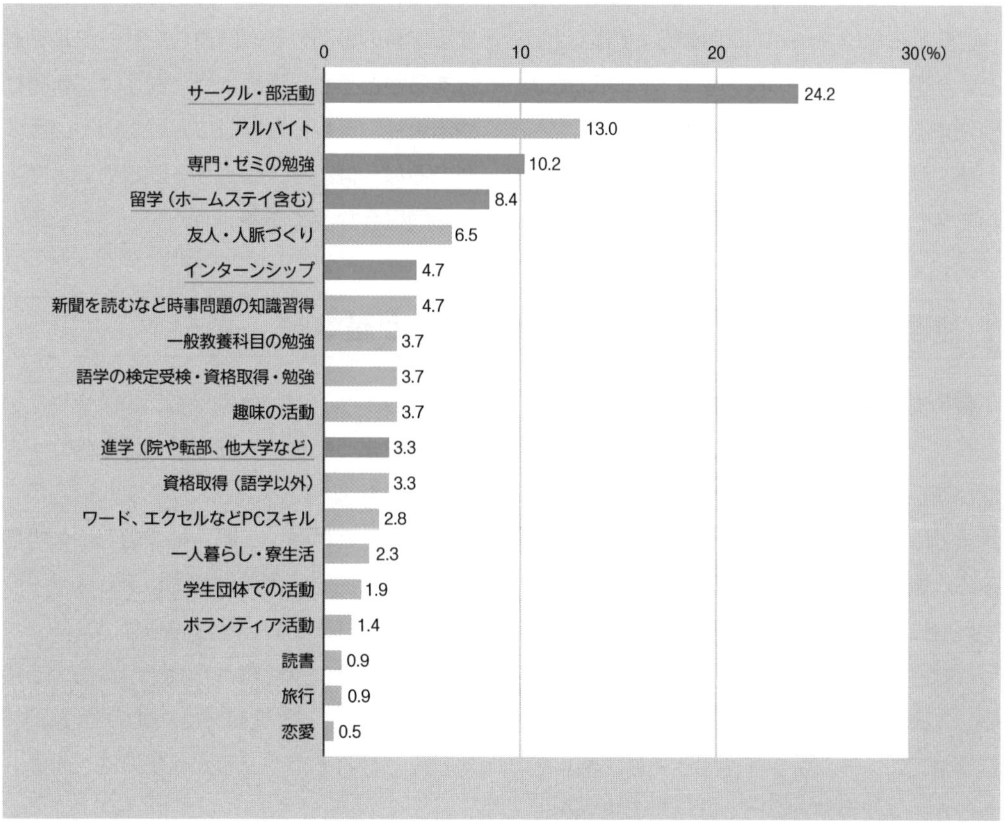

日経HR「内定者調査2022年版」

I サークル・部活動

▶▶▶ 思いっきり、好きなことをやっておこう！

学生生活で学業とともに大きな比重を占めるのが、サークル・部活動だ。人間的な成長や、将来にわたって続く人間関係が構築される。趣味や同好者の集まりとしてだけでなく、資格取得を目指したり、語学や自分の学んでいる専門分野をさらに詳しく研究するなど、学業をより充実させることも可能だ。社会人として重視される協調性も、こうした活動によって養われる。

目指す道へ向けて自分を磨くサークル活動

サークルには、学校から正式に認可されて体育会や文化会に属する「部」や「公認サークル」と、非公認サークルがある。公認のものには補助金が出たり、部室が確保されたりする。一方、非公認サークルはより同好会的、愛好会的な性格が強くなるが、本質的に活動の精神は変わらない。サークルの種類は多様だが、どれを選ぶかで、その後のキャンパスライフが決まる場合もある。

部・サークルを選ぶ際、高校時代まで活動してきたことを続け、「全日本レベルを目指す」とか「全国大会に出る」というなら、迷わず正式な部に入部だ。でも、「仲間と和気あいあいと楽しみたい」ならば、サークルを選べばいい。とはいえ、なかなか決められない人も多いだろう。そんな人はまず、将来目指している分野や職業に結び付いたり、所属する学科の専門分野に関連したサークルを選択するかどうかを決めよう。例えば、新聞社や出版社、テレビ局などに入りたいという夢があるならば、マスコミサークルやアナウンサー同好会などである。

無理をせず、楽しく長く続けられることが基本

職業や資格、研究などとは全く関係ないことをやってみたいなら、今までやったことのない新しいものにチャレンジするか、高校時代までに得意だったことを伸ばすかを考えてみる。運動は苦手だったが好きなスポーツの同好会に入るとか、これを機にハイキングクラブなど、野外で活動するアウトドア系に挑戦してみようという方法もある。あるいは、音楽やアニメーションを仲間と一緒に楽しもうとか、マジックといった非日常の世界を追求してみよう、というのでもいい。やりたいことが決まったら、ほかに同じ活動のサークルはないか調べてみよう。サークルは高校までの部活動とは違い、同じ種類のものが複数ある場合もある。例えば、同じテニスサークルでも雰囲気まで同じとは限らない。

肝心なのは、長く続けられそうなものを選ぶこと。つらいことを自分に課すのではなく、楽しんでやれそうかどうかを基準にしよう。

あなたはどのサークルタイプ？

自分に合うサークルをどのように選べばいいのか？　ここでは以下の４タイプに分けたので、自分のタイプを把握してサークル選びの参考にしよう。

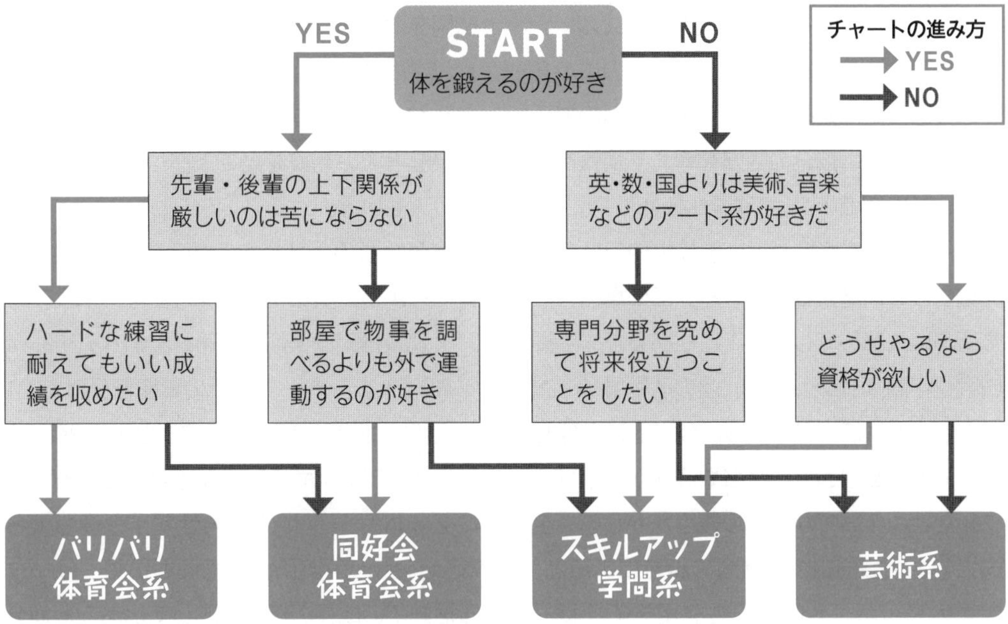

サークルの主な系統

★スポーツ系

◇ 陸上競技
◇ 球技（屋内・屋外）
◇ 体操
◇ アウトドア
◇ フィールド
◇ ウィンタースポーツ
◇ ウォータースポーツ
◇ 武術・武道系
◇ 格闘技系

★芸術系

◇ 音楽　◇ 演劇
◇ 美術・絵画
◇ 写真　◇ 映像表現
◇ 漫画・アニメーション
◇ 伝統文化

★学術系

◇ 人文学　◇ 資格
◇ 社会学　◇ 国際
◇ 自然科学

★趣味・エンタメ系、その他

◇ マスコミ
◇ 趣味・娯楽
◇ 奉仕活動
◇ エンターテインメント
◇ 企画運営

その場の雰囲気に流されないで、自分の意思で決めよう

部・サークル選びの方向性を決めたら、次は具体的な選び方だ。入学時のガイダンスでもらった学校のパンフレットや、学校のホームページ、掲示板などを見て参考にしよう。人気の高いものからマニアックなものまで多彩だから、第一段階は、同じ傾向のものでも規模や人気度、自分の嗜好を考えて情報を整理し、基礎知識をつけておけばいい。

4月の入学式直後から、学校構内では各部の華やかな勧誘合戦が始まる。その場の雰囲気でつい入部してしまうこともあるが、活動内容や年間スケジュール、週の活動量、イベント数などは確認をしよう。サイトで公開しているところもある。合宿や遠征が多いサークルだと、年間でかなりの費用がかかる。全国大学生活協同組合連合会の調査によると、学生のアルバイト収入の主な用途で「サークル費用」は自宅生が26.2%、下宿生は19.7%だった（2019年）。それなりのお金が必要になることが分かる。もし活動内容が事前に分からない場合には、すぐに決めずに、仮入部して1カ月くらい様子を見てから、正式に入部することも可能だ。また、ちょっと時間をおいて、友達ができてから話を聞いたり、学内に慣れたら部室が集まっている場所を訪ねるという方法もある。なかには、学園祭などでの発表を見て入部し、成功したという人もいる。

先輩たちの「サークル加入率」（下表）を見てみよう。コロナ禍前の19年の加入率は1年82.8%、2年74.1%、3年63.2%、4年49.5%。一方、コロナの影響を受けた21年では、1年72.6%、2年62.1%と、19年に比べて10ポイント以上落ちている。特に2年はサークルに加入せず「今後も入らない」という学生が25.3%もいて、サークル活動での成長の機会を逃していることが分かる。先輩たちは自身の成長や友達づくりに役立ったと話している。サークルに入るのは2年生からでも遅くない。

◆サークル加入率

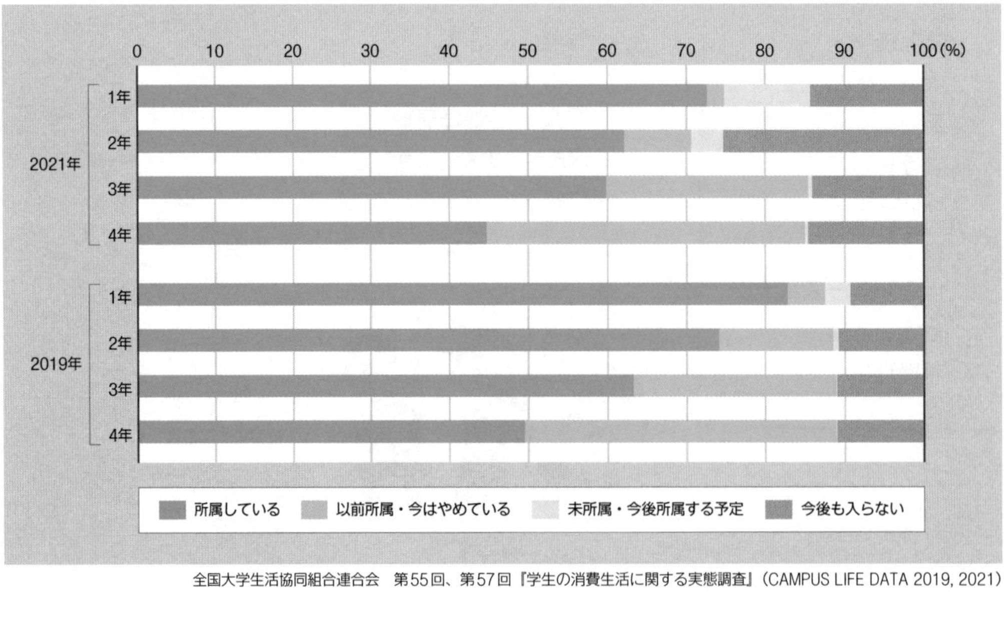

全国大学生活協同組合連合会　第55回、第57回『学生の消費生活に関する実態調査』（CAMPUS LIFE DATA 2019, 2021）

Ⅱ　留　学

▶▶▶ 海外留学するなら、目的を見つけてから！

海外留学をする日本の学生は減少していた時期もあったが、グローバル化を背景に、再び留学への関心が高まっている。留学を必修にする学校も増えてきた。海外というと単純に「語学力を磨く」と考えがちだが、得られるものはたくさんある。そのためには、しっかりと計画と目標を立てて準備しよう。

語学力を高めるため長期留学を推奨する学校も

海外留学といっても、その大部分を占めるのは短期留学。長期休暇を利用して１カ月程度海外に留学し、集中的に語学を学ぶタイプだ。負担する費用が安く、学校の授業にも影響が少ない。

しかし、最近は長期留学を推奨する学校も増えている。本来、語学習得を目指すなら生の言葉に触れたほうがいいし、その期間が長ければ長いほど、語学力は高まるからだ。そのため、交換留学や認定留学の体制を整備しているところも多い。

交換留学とは、国内外の協定校間で実施している留学。学校のサポートが期待できるし、授業料免除や減額、奨学金を受けるなどの特典が用意されている。基本的には単位互換も可能だ。ただし、学内の選抜試験や一定の成績を収めているなどの条件が付くので、ライバルが多く難易度も高い。

長期留学をするなら綿密なプランづくりが大切

一方の認定留学は、学校に留学先の単位認定を申請し、承認を受けてから私費で留学するケース。学校からの援助はほとんどないが、交換留学よりも自由度が高くなる。休学して自費で留学するのと違い、取得単位が認められるから規定の年次で卒業することも十分可能だ。しかし、そもそも認定留学が認められるかどうかという点、認定留学するための条件やサポート体制などは在籍する学校によって異なるので、事前に十分確認しておこう。

それ以外に留学する方法は、休学して完全に自費で留学するしかない。その場合、費用の問題、学校選び、各種手続きから生活全般までさまざまな難関が控える。また、多くの場合卒業が遅れるので、帰国後の進路や就職活動との兼ね合いといった問題が発生する。長い目で見た綿密なプランづくりが大切だ。できれば低学年のうちに留学することをお勧めする。

長期留学で重要なのは、外国の文化に触れ、現地の人々と交流すること。語学力はあくまでツールだ。その力を生かして、日本では得られない経験をしたり、自身の変化を発見することが大事なのである。

留学の4パターン

長期留学／1年間で300万円前後

半年以上の留学。一般的には最初の1～3カ月は語学研修機関などで語学力を高め、留学先の学期に合わせて入学するケースが多い。長期留学生対象の学費割引など、特典を設ける学校もある。語学力は最も身に付くが、「何を学びたいのか」という目的意識をはっきりさせて臨もう。

専門留学／年間200万円程度

専門学校や専科大学に留学し、専門的な知識や技術を中心に学ぶ。主に、仕事につながるスキルの習得や資格取得などが目的。日本国内では学べない最先端技術に触れることもできるが、専門知識と高い語学力を要求されるので、留学前に語学学校で、会話能力を身に付けておくのが得策。

短期留学／1カ月40万～50万円程度

最も多い留学パターン。夏休みなどの時期を利用して1週間から3カ月程度留学し、集中的に語学を学ぶ。長期留学の下見として短期留学を体験するケースも。通常はTOEFL受験（下記参照）を義務付けられていないことが多く、比較的気軽に留学体験ができる。

ワーキングホリデー／年間200万円程度

国際交流を目的とした政府間協定のこと。日本と協定を結んでいるのはオーストラリア、ニュージーランド、カナダ、韓国、フランス、ドイツ、英国、アイルランド、デンマーク、台湾、香港、ノルウェー、ポーランド、ポルトガル、スロバキア、オーストリア、イタリアなど29の国と地域。現地で働けるのが特徴だが、通学期間の設定がビザ（原則1年間）より短い。語学力向上という点ではやや不向き。

長期留学に必要なTOEFLテストとは？

欧米、オセアニアなどの大学や大学院へ長期留学をする場合、ふさわしいコミュニケーション能力があるかどうかを測るために、課せられることの多いテスト。米国のETS（Educational Testing Service）が主催している。テストは、「Listening」「Reading」「Speaking」「Writing」の4セクションで構成される。

センター試験などのように、マークシート方式ではないのが特徴。インターネットを経由して出題される問題に対して、コンピューターとマイクが付いたヘッドセットを使って解答する（iBT:Internet-Based Test）。そのため、ある程度のPCの知識やタイピング能力も必要になる。試験時間は3時間超、問題数も100問前後と長丁場だ。また、高等教育を受けるための能力テストという位置付けから、TOEICのようなビジネス寄りの問題は少なく、逆に学術方面の問題が多い傾向にある。難易度はかなり高いので、相当の準備が必要だ。

試験は全国で年40回以上実施され、何度でも受験可能。試験日やその他詳細については、ETS Japanを参照しよう。TOEFLのほかIELTSもある。

https://www.toefl-ibt.jp/

経験を見える形に残す、成長を具体的に語る…就活でもアピール

海外留学は、語学力や積極性、問題解決能力など、留学先の授業によって培われる能力以外にも、異文化を経験することで、日本について深く考える機会を得られることもメリットだ。さらに、海外の友人ができるなど、得るものの価値は計り知れない。

語学力を身に付けつつ、留学先の企業でインターンシップをする「語学留学＋企業インターン」というプログラムもある。難易度は少々高いが実務で英語が磨かれ、海外の企業の雰囲気を知る貴重な経験ができるのが魅力だ。

このように、様々な面で経験値が上がる留学経験を、就活の際にアピールしたいと考える学生も多い。そのためにも、経験を明確な形に残しておくことも大事だ。分かりやすいのは語学検定試験で、留学前に一度受験し、帰国後に再度受験すると、得点が大きく伸びるはずだ。一方で、留学経験者なら語学力があるのは当然、と見られることもある。自分が留学によってどのように成長したのか、具体的に語れるとよいだろう。

ただし、留学生の帰国時期には注意が必要だ。最終学年の春以降に戻ってくると就職活動がすでに始まっていることも多く、戻ってから就職活動を始めようと思ったら「志望企業の選考は終わっていた」なんてこともある。コロナ禍以降、Web面接が普及し、世界中どこからでも選考を受けられるようになっている。選考を受けたい企業に留学中であることを伝えれば、海外からの就職活動も可能だ。

COLUMN

海外留学　天国と地獄

日本を飛び出し、念願の海外留学。と思いきや、そううまくいかないことも多い。

ある学生が米国に留学したのだが、エージェント推薦のホームステイ先は共働きで、1週間のうちのほとんどは誰も家におらず、食事はなし。毎日独りぼっちで近所のパン屋で買ったサンドイッチを食べる生活を強いられ、結局、ホームステイ先を大学の友人宅に変更することに。そのトラウマでいまだにサンドイッチが食べられないという。

ホームステイ先やルームメイトとのトラブルはもちろん、留学先で引きこもってしまうケースもまれにあるようだ。言葉が通じず、人と会話することが嫌になって対人恐怖症やうつになってしまうのだ。留学を決める前に、国内での経験を振り返り、自分が異国の地でのトラブルや孤独に耐えられそうか確認しよう。難しそうなら、国内で経験を積んでからでも遅くない。

Ⅲ インターンシップ

インターン体験を１つの指針としよう！

「自分の適性を知って能力を伸ばしたい」「ビジネス体験を通して進むべき方向を定めたい」という学生にとって、インターンシップは有意義な制度の１つだ。アルバイトとは違い、社員と同じ土俵で仕事ができ、ビジネスの現場にじかに触れることができる。今や多くの学生が在学中にインターンシップを経験している。

学校主導のインターンシップに参加しよう

学内活動の中に企業での就業体験をするインターンシップが入っていることに違和感を覚えた人もいるだろう。ここでのインターンシップは、企業主導のインターンシップではなく、学校が主導する教育プログラムとしてのインターンシップのことだ。近年、採用選考の一部になっているインターンシップは職場での就業体験ではなく、会議室でグループワークをする“名ばかりインターンシップ”もある。

本書が勧めるのは、あくまでも職場に入り、社会人と一緒に仕事を体験するプログラム。特に低学年のうちに参加するなら、参加の準備講座から参加後の振り返り講座まであり、自身の成長を確認できるようになっている学校主導のインターンシップが最適だ。実際に社会人が何を考え、どのように働いているのかを間近で見ることで、その後の学生生活でどんな力を身に付け、伸ばせばいいのかが分かる。10章で紹介する働くうえで必要となる「社会人基礎力」を知るうえでも、大いに参考になるだろう。

グループワークでも得られるものはある

ただし、全ての企業が実際の職場に学生を招き入れ、就業体験させることができるわけではない。機密情報や個人情報、危険を伴うような職場では、グループワークなどを通して仕事を疑似体験するといったプログラムしかできないこともある。また、グループワーク以外にも、社員との座談会や懇親会、社内や工場見学など、就業体験はできなくても、社内や仕事の雰囲気が感じられるプログラムを用意していることも多い。インターンシップといってもさまざまな種類があることを知ったうえで、目的に合ったインターンシップを探して参加するのがいいだろう。

インターンシップQ&A

インターンシップについてよくある疑問・質問を紹介。事前に、参加の目的を明確にし、募集要項をきちんとチェックしよう。

参加のメリット

Q インターンシップを通して得られるものは何ですか?

A 参加するメリットとして「"働く"を具体的にイメージ・体感できる」「自分の得意なこと、足りないことが分かる」「人脈が広がり、新たな価値観が生まれる」などが挙げられる。将来を見据え、今何をやるべきかなども明確になることで、充実した学生生活を送る糧ともなる。

就職への影響

Q 将来どのような仕事をしたいのか、自分でもまだ分かりません。こういう場合はどうしたら良いでしょうか?

A 「興味がある」程度の企業で構わないので、インターンシップに参加してみよう。1社でも企業を知ると、就職活動の際にその企業を基準にして他社と比較し、企業研究をすることができるからだ。

インターンシップ参加の手順とは?

学校主導のインターンシップなら関連科目を履修すればいいが、企業主導の場合にはどうやって参加すればいいのだろうか。情報収集から応募まで、手順を簡単に紹介する。

STEP1 目的を明確にして業界・企業を選ぶ

どんな業種の企業で、何を学びたいのか。また、そのための期間はどれくらい充てられるか。そうした点をしっかりと把握したうえで、希望の企業を絞り込んでいく。

STEP2 インターンシップの情報収集をする

ある程度企業を選んだら、その企業のホームページなどでインターンシップの情報を集め、いつ、どのような形で応募するかを調べる。

STEP3 応募して選考を受ける

Webから直接申し込めるものや大学を通して申し込むものなどがある。人気の企業には応募も多く、就職活動同様に面接などの選考試験もある。

STEP4 インターンシップに参加する!

選考などを通れば、いよいよインターンシップに参加だ。研修とはいえ、社会で働くことになるのだから、学生気分ではなく社会人としての意識を持って臨もう。

Ⅳ 進　学

▶▶▶ 専門性を深めたいなら進学することも！

「もっと学問を究めたい」「専門的な知識・スキルをさらに磨きたい」という学生には、進学という道がある。短大・専門学校なら大学へ、大学なら大学院へ。とはいえ、進学するには試験もあるし、学費もかかる。進学の現状やポイントを押さえ、金銭面も含め計画的にスケジュールを立てておこう。

入学時期が選べ、選抜方法も多様化

文部科学省の「学校基本調査」によると、2022年卒業者のうち、大学生は11.3%が大学院へ、短大生と専門学校生はそれぞれ9.4%、0.8%が大学に編入している。大学生の場合、理工系学生の方が進学率は高く、37.3%になる。短大・専門学校から大学への編入は、編入を受け入れる大学、推薦制度のある大学などを調べてみよう。

進学を目指すなら、筆記試験や面接試験を受ける一般入試か、推薦入試かなど、入試形態を的確に把握しておきたい。募集時期は、一般的には秋季入試と春季入試があるので、インターネットなどで事前に情報を入手しておこう。

将来の就職を考えた場合、大学院を出ていないと就くのが難しい仕事もある。例えば、理工系の学生が研究職を目指すなら大学院を出ていたほうがいいし、弁護士になるなら法科大学院へ、大学教授も大学院を出ていないと就くのが難しい職種の1つになる。国内の大学を出てから海外の大学院に進む道もある。

◆大学院進学者数の推移

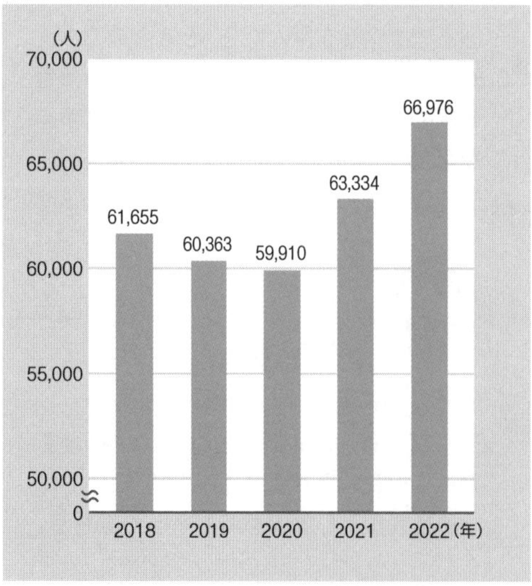

文部科学省「学校基本調査」

◆大学への編入学者数の推移

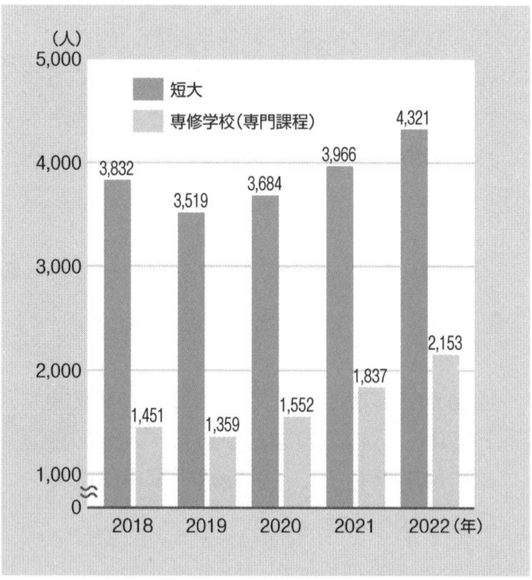

文部科学省「学校基本調査」

大学院進学のための 5つのポイント

ここでは、大学院への進学を例に、進学のポイントを紹介する。

1 「学ぶ目的は何か」を明確化

大学院は専門知識を掘り下げて研究する場。「学生でいたいから」「学位にあこがれて」「両親に勧められたので」などという気持ちでは、勉強が進まず挫折しやすい。

2 大学院の内実をしっかり調査

社会人になるための最後の進路選択だと自覚し、パンフレット、インターネット、先輩に相談するなど、できるだけ大学院の情報を収集し、自分の将来に役立つことを学べるかどうか慎重に検討する。

3 将来を見据えて計画を作成

理系で研究職に就く場合は、修士課程の修了が条件の企業が多い。しかし、文系の院生では就職時に理系ほど有利になるとは限らない。志望する企業・仕事があれば、事前に条件を調べておこう。

4 試験までのスケジュールを作成

在籍大学の大学院に進むなら無試験ということもあるが、基本的には試験がある。大学での勉強と、院進学の試験勉強の両立は意外にハード。進学試験はパスしたが卒業できない、などとならないように。

5 奨学金の利用

学部生同様、各大学独自の制度をはじめ、独立行政法人日本学生支援機構の奨学金や、地方公共団体、社・財団法人、民間企業など、さまざまな奨学金がある。募集時期をあらかじめチェックしておくことが重要だ。

学内活動で「打ち込むことノート」を書いてみよう

第8章では後悔しない学内での学生生活の送り方として、4つの活動を紹介した。これらを参考に、自分はどんな活動に力を入れて学生生活を有意義に過ごしたいのかを考えよう。取り組むテーマを決めたら、取り組む理由、取り組み方、最終的な目的などをまとめること。何もしないままに学生生活を終えてしまうことのないように、「学内で打ち込むことはコレ！」という決意を書き込んでほしい。打ち込むことは1つに限らずいくつでもいいが、同時にいくつも始めるのではなく、徐々に増やしていくほうが無理はないだろう。

■「打ち込むことノート（学内活動）」の書き方

「打ち込むこと」は、特別なことでなくても大丈夫。例えば、1日1回は友人と社会問題について話し合う、授業の空き時間に本を読むなど、何でもいい。大事なのは、その目的とそこから何を身に付けられるのかを明確にし、取り組む際には常にそれを意識することだ。

打ち込むこと	サークル活動（フットサル）	
人数	仲間と	一人で
目的	高校まで部活に入っていなかったので、サークルに入って人付き合いがうまくでき、人見知りをしないようになるため。また、最終的には人前でも自分の意見を言い、自分が中心になって仲間と一緒に何かに取り組むような経験ができるといいと思う。	
取り組み方	サークルの練習には必ず参加し、練習以外の集まりなどにできるだけ出るようにする。初心者だから能力的には負けると思うけど、自分から積極的に練習に取り組むなど気持ちでは負けないようにしたい。	
身に付けたいこと	・40分の試合時間をフルに動けるだけの体力をつける ・最後まであきらめない強い気持ちを持つ ・先輩と話をし、敬語を身に付ける ・一生付き合える親友、かわいい彼女	

打ち込むこと	留学と留学準備	
人数	仲間と	一人で
目的	学内の交換留学制度に参加し、卒業後は世界を舞台に仕事をしたい。	
取り組み方	英語の授業の予習・復習、学内のTOEIC講座への出席、また、学内にいる留学生とも積極的に交流する。学内の交換留学生制度への応募	
身に付けたいこと	・語学力 ・国や人種を超えて、世界の人と交流できるコミュニケーション力 ・何事も挑戦する積極性	

打ち込むことが複数の場合には、場所、人数が偏らないようにすると、いろいろな経験をできる。

打ち込むことで最終的に自分はどうなりたいのか、どこを目指すのかなど、目的・目標を明確にしておこう。途中で挫折することも少なくなり、やりがいも増す。

短期間の目標設定や頻度などを書いてみよう。

打ち込むことを通して、どんな能力を身に付けられるのかを考えてみよう。

打ち込むことノート（学内活動）

WEBよりダウンロード可

打ち込むこと		
人数	仲間と	一人で
目的		
取り組み方		
身に付けたいこと		

打ち込むこと		
人数	仲間と	一人で
目的		
取り組み方		
身に付けたいこと		

成長する学生生活の送り方【課外活動編】

第7章で説明した「学業」、第8章で説明した「学内活動」の2つの取り組みと併せて挑戦してほしいのが、「アルバイト」「ボランティア」「学生団体での活動」「TOEICテスト」「資格取得」などの課外活動。他校の学生や社会人などと積極的に交流すれば、人脈や視野、価値観などが広がるので、人間的にも成長が期待できる。

社会人と交流することで、人間的成長につながる

課外活動は、学内活動以上にさまざまな経験ができ、幅広い交友関係を持つことができる。ここでは、「アルバイト」「ボランティア」「学生団体での活動」「TOEICテスト」「資格取得」の5つの取り組みについて説明しよう。特に、アルバイト、ボランティア、学生団体での活動は社会人との交流もあるため、学生同士のかかわり合いだけでは分からない社会人としての考え方や、価値観などにも触れることができる。

将来働きたい業界があるならば、志望業界でアルバイトをするのはいい経験だ。仕事をイメージでとらえるのではなく、現実に社員の働く姿を間近で見ることができるので、就職活動の時期には業界・企業選びにも役立つ。働き出してから「こんな仕事とは思っていなかった」という就職のミスマッチを防ぐことにもなるだろう。

TOEICなどの英語の勉強は、社会人に比べて自由な時間がある学生時代に取り組んでおきたいことの1つ。企業のグローバル化が盛んに取り上げられており、今後は仕事で語学力を求められる機会も増えるのは確実とみられ、身に付けておいて損はない。

資格取得は、一部の難関資格や業務に直接関係する資格以外は、就職活動で即有利になることは少ない。ただ、どんな資格であっても、目標を設定して計画的に取り組み、達成するという成功体験をすると、自分に自信を持てるようになったり、新たなことに挑戦する意欲が湧き上がったりするため、挑戦する意義はある。

学生生活を振り返った際に、自分に誇れることを目指す

このあとの第10章では、社会に出て働くために必要な「社会人基礎力」について説明する。社会人基礎力がなぜ大事かというと、社会人になると自ら考えて行動を起こすこと

5つの課外活動

Ⅰ　アルバイト

人間的成長を促すきっかけにしよう！

96ページ

Ⅲ　学生団体での活動

学生団体で、社会的意義のある活動を!!

100ページ

Ⅱ　ボランティア

若い力をボランティアで発揮しよう！

99ページ

Ⅳ　TOEIC®テスト

TOEICの学習は、思い立ったらすぐ開始！

101ページ

Ⅴ　資格取得

資格取得は、将来の人生設計も考えて！

102ページ

が常に求められるからだ。しかしこの力は短期間では身に付けることが難しいため、低学年時からいろいろな経験を積んで徐々に習得していこう。低学年の間は「のんびりしていたい」のが本音かもしれないが、今から少しずつでも自分を磨く努力をしておけば、「良かった」と思える日はきっと来る。

同じ時間を過ごすなら、卒業を迎えたとき、「素晴らしい学生生活だった」と自分に向かって誇れるようにしたいものである。それには、行き当たりばったりに物事を決めず、一度選んだ活動にはじっくり取り組まなければならない。

自由な立場と時間を大いに利用し、人生でいつか大輪の花を咲かせるよう、種をまき、水をやり、自分を大切に育てていこう。それでこそ、学校に入った意義があるのではないだろうか。

I アルバイト

▶▶▶ 人間的成長を促すきっかけにしよう！

大学生の7割がアルバイトを経験しているといわれ、今や学生とアルバイトは切っても切れない関係にある。また、「アルバイトで学ぶことは多い」という人も数知れない。だからこそ、どのような心構えでバイト先を選び、そこでどう働くかは、学生時代を有意義に過ごせるか否かを左右する。ここでは、どんなことを意識すれば、より学ぶところが大きいのかを紹介しよう。

大学生の7割がアルバイトしている

全国大学生活協同組合連合会の第57回『学生の消費生活に関する実態調査』（CAMPUS LIFE DATA 2021）によると、アルバイトをしている学生は2021年で70.9%。新型コロナ禍前の19年には75.8%だったが、20年に飲食店の営業自粛要請などがあり66.5%にまで落ち込んでいた。1週間の勤務時間は平均11.8時間で、アルバイトの平均収入は自宅生が3万9860円、下宿生で2万9130円。自宅生は収入の半分以上、下宿生で収入の4分の1を占めており、生活に欠かせない収入源となっている。

アルバイトの3つの効用

アルバイトには、生活費の一部を稼ぐという金銭的なメリット以外にも学生にとって大きなメリットがある。アルバイトの効用を整理すると、以下の3つに大きく分けられる。

①収入を得て自立意識が高まる

アルバイトをすれば、生活費や学費、その他交際費など、学生生活に必要なお金を稼げる。収入を自力で得る体験は自信になり、さらなる自立心の向上にもつながる。

②社会常識が身に付く

アルバイトとして社会人や消費者を相手に働くことによって、社会人としてのマナーや社会常識を身に付けることができる。これらの経験は、将来の就職活動や働くうえで大きく生きる。

③多様な価値観に触れられる

学校は同世代の似たような価値観の人たちが多く集まっているが、アルバイト先では社会人や主婦、フリーター、高齢者、外国人労働者など、年齢や価値観、宗教などの異なる人たちと一緒に仕事をすることになる。学校のように簡単にコミュニケーションが取れるとは限らない。さまざまな人と仕事をする可能性のあるアルバイトでは、学校では得られない経験ができ、これまで出会ったことのない人と一緒に働く可能性がある。

目的別、アルバイトの選び方&働き方

ただ「なんとなく」ではなく、明確な目的意識を持って働いたほうが、得るものははるかに多い。ここでは、目的に応じたアルバイトの選び方、仕事の進め方を解説しよう。

目的1
生活費や交際費など、学生生活に必要なお金を補充したい
→ 一人暮らしの場合は、毎月の仕送り額と1カ月に絶対必要なお金を比べ、不足する金額を計算。それを補てんするべく、学業に影響しない、無理のないアルバイト計画を立てよう。

目的2
社会常識やマナーなど、基礎的な社会人力を付けたい
→ マナーや常識を身に付けたいなら、ファストフードやコンビニなどの接客業で働くのがお勧めだ。チェーン店なら、言葉遣いやあいさつの仕方、クレーム処理まで、だいたいマニュアルが確立している。

目的3
将来の就職に役立てるなど、人間関係や人脈を築きたい
→ 進みたい方向がある程度定まっている人は、その業界に絞ってアルバイトを探してみよう。仕事内容が分かるとともに、そこで培った人間関係や人脈が、就職のときに役立つ場合もある。

目的4
とにかくいろいろなことを経験し、学生生活をエンジョイしたい
→ アルバイトには数多くの種類がある。普段の自分や、これまでの自分では考えられなかった分野のバイトに飛び込むというのも、大学生ならではの特権だ。

COLUMN

“ブラック”なアルバイトに要注意

「休憩なしの8時間連続勤務」「販売ノルマを達成できず、自腹で商品を買い取る」など、“ブラック”なアルバイトに苦しむ学生もいる。残業代がきちんと支払われなかったり、授業に出られないなど学生生活に支障をきたすほどのきついノルマやシフトを強制されるケースもある。

そうしたトラブルを防ぐためにも、採用の際に「労働条件通知書」を必ずもらおう。労働契約そのものは口頭でも成り立つが、労働基準法により、契約期間や賃金、就業時間などの大切な項目は、書面でもらえることになっている。

まじめで責任感が強いために一人でトラブルを抱えてしまったり、アルバイトが初めての「働く」経験のために、「こういうものかな」と悪条件のまま働き続けてしまったりするケースもある。「このバイト、おかしいな?」と思ったときはキャリアセンターやハローワークに相談しよう。労働法(労働基準法や最低賃金法など、働くことに関する法律の総称)を確認しておくことも大切だ。「働く」ことに関するルールを知ったうえで、学業とうまく両立させながら、自身の糧にしていきたいものだ。

理解しておこう「103万円の壁」

今や、アルバイト情報はいつでも、どこからでもチェック可能となり、思い立ったらその日からでも働き出せる。しかし、ここで1つ注意しておきたいのは税金のことだ。親に生活費を出してもらっている子供（学生）は親の扶養家族であり、親は「扶養家族控除」として一部税金を免除されている。しかし、学生がアルバイトで得た年間給与所得金額が103万円、あるいは130万円を超えると、税金の支払いに影響が出るからだ。

①年間給与額が103万円以下

扶養家族の範囲内なので親の税金も増えないし、学生本人も所得税を払う必要はない。

②年間給与額が103万円超、130万円以下

扶養家族の範囲から外れるため、親が払う税金は増える。しかし、年間給与額が130万円以下なら、扶養家族から外れても「勤労学生控除」（27万円）があるため、学生本人は所得税を払わなくてもいい。

③年間給与額が130万円超

親の税金が増えるだけでなく、学生本人にも所得税が課税される。

詳しくは、国税庁のサイトを参照しよう。

学生向け定番バイトは？

働き方、収入、場所、時間帯など、アルバイトを選ぶポイントはいろいろある。ここでは、学生にとっては定番といえるポピュラーなバイトを紹介！

授業の後でもできるバイト

昼は学業を優先したいという人にオススメ。授業が終わった後、夕方以降の時間を使ってできる。

- **コンビニ店員**
- **飲食店ホールスタッフ**

短期間でもできるバイト

半日・1日だけの単発から、休み期間を使うものまで幅広い。登録しておけば連絡がきて、時間が合えばすぐできるものも。

- **軽作業スタッフ**
- **リゾート施設スタッフ**
- **交通量調査員**

高収入が期待できるバイト

時給が高く、短時間でもけっこう稼げる。それだけに特殊な技能や能力、体力が求められるものもある。

- **家庭教師、塾講師**
- **引越しアシスタント**

CAUTION!

そのほかにも、時給が高い変わり種バイトもあるが、決める前に学生として適正なものかどうかは熟考するべきだ。たとえお金が稼げても、人に言えないものや、学生らしくないものは避けよう。

Ⅱ　ボランティア

▶▶▶ 若い力をボランティアで発揮しよう！

「人のために役に立てた」「とても喜んでもらえた」──。ボランティアに携わった学生たちの声である。活動を通してさまざまな人とかかわることで、人のためだけでなく、自分の存在意義や価値を確認できたという人が多い。身近な環境保護から発展途上国支援まで、今、自分にできることを必要とされている場所で生かしてみれば、きっと自信や心の成長につながるだろう。

多様なボランティア活動からできることを見つけよう

ボランティアには、お年寄りや子供に対するサポートなどの医療・福祉に関するものから、社会教育・生涯学習、環境の保全、災害救援・地域安全、国際協力・交流、学術・文化・芸術・スポーツ、雇用問題、人権問題、消費者保護などまで、実にさまざまな活動がある。ただ、遠く海外に出向いても、隣近所で困っている人に対応していても、同じボランティア。その本質に違いはない。

ボランティアとは、個人の意思によって考え、行動するという自発的な行為。だから、始める前に、パソコンやスポーツといった自分の得意分野を生かそうとか、大学での専攻分野にかかわる活動をしようなど、自分に何ができ、何をしたいのかを明確にしよう。

また、いつ始められるか、長く継続できるかなどの時間的な面も考え、準備をしたうえで活動先を探すという段階へ進もう。ボランティアという行為は、助けを必要とする人があってこそ成り立つ。自分勝手に独りよがりな考えで行動すれば、逆に相手に迷惑を掛けることになりかねない。

ボランティアの選び方と注意点

残念ながら、ボランティアを悪用する団体も存在する。初めてボランティアをするときは、できれば大学のボランティアセンター、中央官庁や都道府県といった公的機関の窓口を通して見つけたほうが安心して活動できる。

国際ボランティアで得られる＋α

国際ボランティアに携われば、世界共通語である英語でコミュニケーションを取ることが多く、英語力のアップにつながる。

Ⅲ 学生団体での活動

▶▶▶ 学生団体で、社会的意義のある活動を!!

入学したとたん、受験から解放され、逆に喪失感にとらわれてしまう学生がいる。そんな人は、将来に向けて何か意義のある活動に参加してみてはどうだろう。ぜひトライしてほしいのが、学生団体への参加だ。社会的責任を知るには最適な活動である。

あくまでも自分で考え、納得してから決断すること

学生団体とは、複数の大学の学生に加え、社会人もかかわり、ある目的や理想を掲げて社会的に意義のある活動を行う非営利団体のことだ。国内だけでなく、世界の大学生と協力してグローバルに活動する団体や、半世紀を超える長い歴史を持つ団体もある。

多くは、複雑化する社会のニーズに対応した活動を展開しており、「文化」「芸術」「教育」「スポーツ」「環境」「保健」「医療」「国際協力」「語学」など、幅広い分野にかかわりを持つ。学生課で認知されている団体を調べてみよう。

選ぶ際は、自ら進んで情報を収集し、考え、納得してから入会を決断すること。学生団体では自発的な参加が求められる。参加申し込み時には本人の意欲や考え方、活動できる時間など、現実的、具体的にかなり詳しく尋ねられることが多いので、相当の覚悟を持たなければならない。また、中途半端な気持ちで参加すると、途中で挫折感にさいなまれたり、周りに迷惑を掛けてしまうこともある。

◆主な学生団体のタイプ

国際交流系	日本と密接にかかわる先進諸国、あるいはアジアやアフリカなどの発展途上国とネットワークを結び、協力や支援を行う。
語学系	世界の動きに関心ある人々に向けたフリーペーパーの発行や海外との相互ホームステイなどで、語学習得や相互理解を目的とする。
環境系	さまざまな環境問題に目を向け、考え、話し合い、学生として可能な対応や社会の関心を深める活動を中心とする。
ビジネス系	企業や社会人との交流などを通してビジネスに関する知識の習得を目指し、スキルアップにつながる活動を行う。

明確な自覚を持って参加すると、得るものも多い

参加するにあたって、なぜ自分で判断することが重要かといえば、学生団体での活動は、明確な自分なりの価値基準を持っているかどうかが問われるからだ。自立した大人としての自覚を持って参加を決めよう。

活動を長く続けていけば、周囲からは一目置かれる存在になれるし、意欲や能力などが高いレベルに達していると評価されることもある。また、仲間と互いに夢や理想を語り合える場としても申し分ない。人脈も広がり、仕事などに対する取り組み方やスキルなどが得られるため、就活では企業の評価が高い。

Ⅳ TOEIC® テスト

▶▶▶ TOEICの学習は、思い立ったらすぐ開始！

TOEICはアメリカで開発されたテストで、世界約160カ国において実施されている。ほぼ世界標準のテストと考えてよく、日本でもスコアを昇進や人事異動の判断基準にしている企業は多い。また、TOEICのスコアは就職活動でも問われることが多く、スコアが高ければアピールポイントの１つになる。普通、600点以上ならまずまず、外資系企業への就職を狙うなら800点以上は欲しいところだ。

TOEICは実社会で通用する英語力を測るもの

就活時期が近づくと、「TOEICを受けたほうが有利なのか」「TOEICは何点取ればいいのか」という問い合わせが増える。企業が新入社員に期待するTOEICスコアの平均は535点で、大卒新入社員の平均スコア488点に比べると、高いスコアが求められている〈（財）国際ビジネスコミュニケーション協会調べ〉。ところが、就活が目前に迫ってから慌てて学習を始めても、高スコアは期待できない。

TOEICを攻略するには、まずTOEICが何を試そうとしているのかを知ることが大切だ。受験までは、伝記やエッセイなど、かなり学術寄りの英語に接してきているが、TOEICは実社会で通用する英語力を測るのが特徴。英字新聞が読めるぐらいの語彙力、あるいは聞く力がなければ難しいと感じるはずである。

テストの半分を占めるリスニングでは、「聞きながら読む」という技術も要求される。じっくり考えるクセが付いている学生には、問題数の多さも強敵だ。

教材選びは著者からという裏技がある

TOEICで、一発成功を収めるのはまれだ。スコアが必要な時期から逆算して、半年から１年前に勉強を始めたい。学習方法は、次々と新しい問題集に取り組まず、厳選したものを繰り返すこと。勘による正解は誤答と見なし、完璧に正解を出すことを目指そう。

教材を選ぶなら、基本はTOEICの公式問題集。この問題集はTOEICテストの開発機関が制作しているので必須の教材だ。また、著者から選ぶという裏技もある。本の著者にどれだけ受験経験があるかは、前書きや著者略歴に書いてある。もう１つ、著者がTOEICの教室を持つなど、指導実績があることも目安になるはずだ。自分が苦労したとか、たくさんの人を指導していれば、つまずくポイントを心得ているので、解説の質が全然違う。

書店に行けば、TOEIC専用のコーナーがあり、膨大な数の教材が並んでいる。ここで紹介した情報を参考に、ぜひ１冊選んでTOEIC対策を始めてみてはどうだろうか。

V 資格取得

▶▶▶ 資格取得は、将来の人生設計も考えて！

資格は、将来の仕事に就くために取得することもあれば、学んだ証として取得することもある。人によっては、趣味でさまざまな資格を取得している人もいるだろう。ここでは、どんな資格が将来の就職や仕事の役に立つのか、大学生や短大生が資格取得を目指す際のポイントなどを紹介する。

資格取得の目的を持とう

資格によっては卒業と同時に得られる資格もあるが、ここでは自らが専攻分野に関する資格や将来の仕事に結び付くような資格の取得を目指すケースについて説明する。まず、大事なことは何のために資格を取得するかという点だ。資格取得には、時間も労力もかかる。単に、履歴書の資格欄を埋めるためではなく、将来の仕事に生かすためや学業の成果として資格試験を受けるといった目的があったほうが、資格取得に向けた勉強にも力が入るだろう。

また、仮に資格を取得できなかったとしても、取得に向けた努力は、企業の採用選考の際によく質問される「学生生活で力を入れたこと」に対する回答として使えるだろう。その資格を取得する可能性や、取り組み姿勢、その経験から培った力を評価されることもある。

大学生はダブルスクールも

大学生の場合、資格取得のためにダブルスクール、つまり大学に在籍しながら専門学校に通うという方法がある。比較的簡単に取得できる資格なら、専門学校に通うまでもなく、通信講座やテキストを購入しての独学という手もある。また、インターネットで受講できる講座も増えている。講義はアーカイブ動画で好きな時に視聴できるので、近くに専門学校のない人には最適だ。また、学生に人気のある資格であれば、学校内で資格講座を開催してくれるところもあるので、ぜひ利用してほしい。エクステンションセンターでも紹介してくれる。

学校での専攻や将来の仕事に関係なく役立つ資格としては、エクセルやワードなどのマイクロソフトオフィスのスキルを証明できる資格「MOS」や簿記がある。仕事をするうえでは必ず必要となるスキルや知識を身に付けられる。理工系で数学が得意なら、統計検定やデータサイエンティストといった資格はかなり人気が高い。

また、資格ではないが、公務員試験を受けるために専門学校に通う学生も多い。公務員の試験は難しく、「基礎能力試験」「論文試験」など、民間企業の採用試験とは内容が異なる。このため、専門の勉強が必要になる。

編集部が選んだオススメ資格

資格講座で人気の高いものや、先輩学生の声をもとに、
編集部がオススメ資格を紹介。

詳細は各公式ホームページでご確認ください！

統計検定（1 ～ 4 級） https://www.toukei-kentei.jp/	統計に関する知識や統計を使ってデータを分析する力を評価する資格。データを分析し、正しくアウトプットすることができるようになるため、幅広い職種で必要とされる。 受検資格：制限なし　受検料：5,000 円～ 8,000 円（学割有）
簿記検定（初級、３級） https://www.kentei.ne.jp/	財務や会計だけでなく、さまざまなビジネスシーンで使える。評価が定着している割に、比較的短期間で取得できる。 受検資格：制限なし　受検料：2,200 円～ 2,850 円
IT パスポート試験 https://www.jitec.ipa.go.jp/	IT人材育成のために設けられた国家資格。ITの知識だけではなく、経営やプロジェクトマネジメントなど多面的な知識が必要とされる。 受験資格：制限なし　受検料：7,500円
秘書検定（1 級～ 3 級） https://jitsumu-kentei.jp/	書類作成や整理、スケジュール管理、マナー・接遇など、社会人として働く基本を知るうえでも、有益な資格といえる。 受検資格：制限なし　受検料：3,800円～ 7,800円
リテールマーケティング（販売士）検定試験（1 級～ 3 級） https://www.kentei.ne.jp/retailsales/	流通業界唯一の公的資格であるため、同業界への就職を目指すのであればオススメ。小売業経営に関する高度な知識が問われる１級試験の合格率は20%前後。 受検資格：制限なし　受検料：4,200円～ 7,850円

COLUMN

資格商法に注意！

「就職に有利になる」「受講するだけで国家資格を取ることができる」「将来、国家資格になる」――。こんなうたい文句を使い、講座の受講を強引に勧めたり、高額な講座代を請求したりする「資格商法」には注意が必要だ。自宅に電話をしてきたり、学校の周辺または繁華街などで言葉巧みに勧誘したりしながら、契約を迫るといった悪質な商法。

かつては、30万円や50万円といった高額な教材を売りつけるパターンが多かったが、最近では、資格としての価値の低い検定試験を「人気のある資格」「将来役に立つ資格」などといって比較的安い価格で売りつけるケースもある。

電話や路上での勧誘は、ちょっとでも話を聞くと相手のペースにはまってしまう恐れがあるので、話を聞かず、「忙しい」「興味がない」などと、きっぱりと断ることが大事。もし、あまり聞いたことのない講座や検定・資格の紹介や、強引な勧誘をされたと感じたら、学校や消費者センターに相談することだ。決して、契約書にサインや押印をしないように！

課外活動で「打ち込むことノート」を書いてみよう

第9章では、社会で役立つ能力が身に付く5つの課外活動を紹介した。第8章で紹介した学内活動と併せて、どんな課外活動が自分の行動や興味の範囲を広げるのか、自分の成長の糧になるのかを考えてみよう。高校時代から続けていることでも、趣味でもいい。趣味の国内旅行に出かけたことをきっかけに、町興しにかかわるボランティアに取り組んだ学生もいる。何か1つでも見つけてみよう。

■「打ち込むことノート（課外活動）」の書き方

学内活動と同様に、「打ち込むこと」は身近なことでかまわない。ここで大事なのは、何を目的に何を身に付けられるかだ。自分はどのような面で成長したいかをイメージしながら、考えてみるといい。

打ち込むこと	アルバイト（水泳のインストラクター）	
人数	仲間と	一人で
目的	中学生から続けている得意の水泳を生かして、指導力を養っていきたい。また、水泳を趣味としてだけでなく、お金をいただくことでもっと真剣に取り組みたいと思う。子供から大人まで幅広い年齢層の方とのコミュニケーションの仕方も学びたい。	
取り組み方	地元のスイミングスクールのインストラクターに応募。水泳の技術を日々研さんするのはもちろん、生徒さんが教室に満足できるように、コミュニケーションも多く取るようにする。	
身に付けたいこと	・どんな人にも分かりやすく教える指導力 ・年齢にこだわらないコミュニケーション力 ・バイトを休まないようにする健康管理力	

打ち込むことが複数の場合には、場所、人数が偏らないようにすると、いろいろな経験をできる。

打ち込むことで最終的に自分はどうなりたいのか、どこを目指すのかなど、目的・目標を明確にしておこう。途中で挫折することも少なくなり、やりがいも増す。

短期間の目標設定や頻度などを書いてみよう。

打ち込むことを通して、どんな能力を身に付けられるのかを考えてみよう。

打ち込むこと	ボランティア（地域活動）	
人数	仲間と	一人で
目的	自分がお世話になっている地域で、自分にできることをやっていきたい。何かに”貢献する”ことがどのようなことなのか知りたい。	
取り組み方	地域のボランティアセンターに登録する。学業やアルバイトと両立しながら、週末や休日に単発でも地域のイベントや、清掃活動などに参加してみる。	
身に付けたいこと	・時間を有効に使う行動力 ・助け合いの精神 ・コミュニケーション力	

打ち込むことノート（課外活動）

WEBよりダウンロード可

打ち込むこと		
人数	仲間と	一人で
目的		
取り組み方		
身に付けたいこと		

打ち込むこと		
人数	仲間と	一人で
目的		
取り組み方		
身に付けたいこと		

第10章 診断と先輩の活動から学ぶ

学生生活で磨く
人生100年時代の社会人基礎力

社会人基礎力とは、仕事をする際や地域社会で生活するうえで必要な力のこと。第6章では、学生として求められる力を調べる「学生力診断」を紹介したが、今度は社会人として必要な力、社会人基礎力がどれだけあるか診断してみよう。

社会人基礎力と3つの視点

社会人基礎力とは、経済産業省が企業への調査などを基にまとめたもので、「組織や地域社会の中で多様な人々とともに仕事を行っていくうえで必要な基礎的な能力」と定義している。簡単に言うと、「仕事をするうえで必要な能力」となる。具体的には、**①前に踏み出す力(アクション)、②考え抜く力(シンキング)、③チームで働く力(チームワーク)**の3つの能力で構成され、それぞれの能力が12の要素で構成されている(右ページの表参照)。

これを見て、驚いた人もいるかもしれない。「仕事をするには、こんなにも多くの能力を持たなければダメなの？」と。でも、慌てることはない。仕事をする際には、これらすべての能力が必要でも、すべての能力で高いレベルの力を発揮できる人はいない。診断結果を見て、自分はどの能力が強く、どこが弱いのかを把握することが第一。そして、学生生活を通して、強い部分はさらに伸ばし、弱い部分は克服する努力が必要だ。

また、人生100年時代を迎える中、長く働くためには「学び直し」の重要性が高まっていることから、学ぶことに関する「3つの視点」として「学び(何を学ぶか)」「統合(どのように学ぶか)」「目的(どう活躍するか)」が加わった。この3つの視点を持つことによって社会人基礎力を磨き続けることができるのだ。

社会人が見た必要な能力

これらの社会人基礎力のうち、実際に働いている社会人はどの能力を重視しているのか。「社会人に必要な資質は何だと思いますか？」と尋ねた調査で、最も多い回答は「実行力」(46.1%)。以下、「主体性」(38.3%)、「情況把握力」(30.6%)、「柔軟性」(30.1%)、「計画力」(27.7%)と続いた。仕事をする上では、実行力と主体性が含まれる「前に踏み出す力」が最も重要なようだ。

◆社会人基礎力一覧表

能力		能力の内容（下段は行動例）
大分類	小分類	
前に踏み出す力（アクション）	主体性	物事に進んで取り組む力
		指示を待つのではなく、自らやるべきことを見つけて積極的に取り組む
	働きかけ力	他人に働きかけ巻き込む力
		「やろうじゃないか」と呼びかけ、目的に向かって周囲の人々を動かしていく
	実行力	目的を設定し確実に行動する力
		自ら目標を設定し、失敗を恐れず行動に移し、粘り強く取り組む
考え抜く力（シンキング）	課題発見力	現状を分析し、目的や課題を明らかにする力
		目標に向かって、自ら「ここに問題があり、解決が必要だ」と提案する
	計画力	課題に向けた解決プロセスを明らかにし、準備する力
		課題の解決に向けた複数のプロセスを明確にし、「その中で最善のものは何か」を検討し、それに向けた準備をする
	創造力	新しい価値を生み出す力
		既存の発想にとらわれず、課題に対して新しい解決法を考える
チームで働く力（チームワーク）	発信力	自分の意見を分かりやすく伝える力
		自分の意見を分かりやすく整理した上で、相手に理解してもらうように的確に伝える
	傾聴力	相手の意見を丁寧に聴く力
		相手の話しやすい環境をつくり、適切なタイミングで質問するなど相手の意見を引き出す
	柔軟性	意見の違いや立場の違いを理解する力
		自分のルールややり方に固執するのではなく、相手の意見や立場を尊重し理解する
	情況把握力	自分と周囲の人々や物事との関係性を理解する力
		チームで仕事をするとき、自分がどのような役割を果たすかを理解する
	規律性	社会のルールや人との約束を守る力
		状況に応じて、社会のルールに則って、自らの発言や行動を適切に律する
	ストレスコントロール力	ストレス発生源に対応する力
		ストレスを感じることがあっても、成長の機会だとポジティブにとらえて肩の力を抜いて対応する

◆社会人基礎力を発揮するために必要な3つの視点

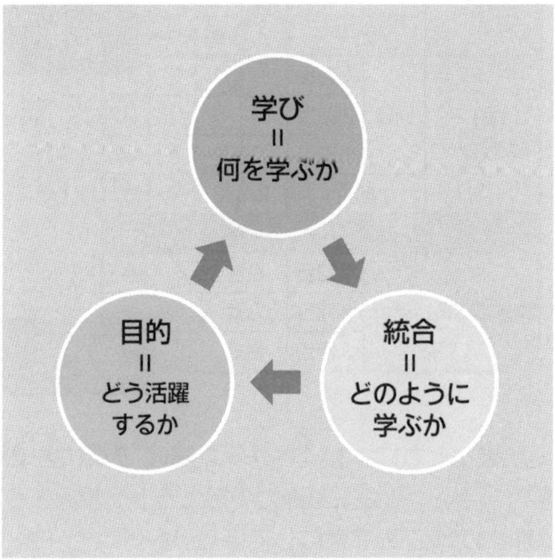

社会人に必要な資質は何だと思いますか?

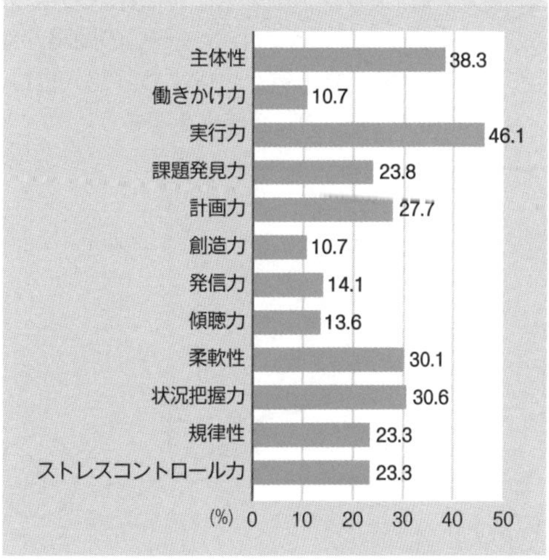

※上記アンケートデータは、編集部が調査会社を通じ、インターネット上で調査、集計した。

社会人基礎力診断の診断方法

社会人基礎力がどんな能力なのか分かっただろうか。今度は、自分の社会人基礎力のレベルをチェックしてみよう。社会人基礎力診断の各設問を読んで、最も該当する選択肢を選び、111ページにある診断計算表の該当する数字をチェックして計算すると、3つの能力レベルが分かる。低学年時と高学年時やインターンシップの参加前後の2回と、就活直前など、3回に分けて診断してみよう。

1 「社会人基礎力診断」質問表にある設問Q1 ～ Q12に対して、①～④の選択肢の中から、最も自分に当てはまると思うものを1つ選ぶ。

設問		1回目 年 月 日
Q7 授業やゼミでの発表について		
①	授業やゼミなどで発表する際には、決められた時間内で収まるようにしている。	□
②	授業やゼミなどで発表する際には、誰にでも分かるように図表などを使って丁寧に説明する。	✓
③	授業やゼミなどで発表するのは苦手だ。	□
④	授業やゼミなどで発表する際には、自分の言いたいことを発言できるように努力している。	□

選ぶ

2 111ページの「診断計算表」のQ1 ～ Q12の設問ごとに、回答した選択肢①～④の番号をチェックする。

		選択肢			
回答	1回目	①	②	③	④
	2回目	①	②	③	④
	3回目	①	②	③	④
配点		0	1	2	3

チェックを付ける

3 チェックした数字の下に配点（0 ～ 3）があるので、「Q1 ～Q3」「Q4 ～Q6」「Q7 ～Q12」の3つの能力ごとに、足し算をして合計点を記入する。

設問		選択肢				
Q1（主体性）	回答	1回目	①	②	③	④
		2回目	①	②	③	④
		3回目	①	②	③	④
	配点		0	1	2	3
Q2（働きかけ力）	回答	1回目	①	②	③	④
		2回目	①	②	③	④
		3回目	①	②	③	④
	配点		3	0	1	
Q3（実行力）	回答	1回目	①	②	③	④
		2回目	①	②	③	④
		3回目	①	②	③	④
	配点		2	3	0	1
Q1～Q3の合計点		1回目	合計	7	点	
		2回目	合計		点	
		3回目	合計			

足す

合計点

4 合計点が出たら、記入例を参考に112ページのレーダチャートに記入しよう。「チームで働く力」はメモリの間隔が他の半分だから気を付けよう。記入後は、113ページの診断結果を読もう。

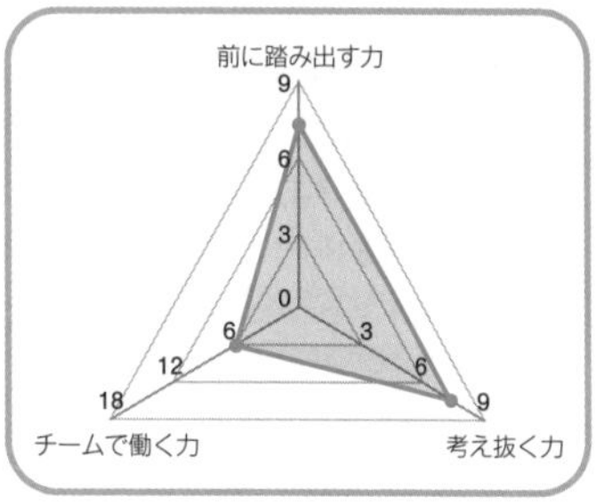

5 診断結果とともに、114ページ以降の「先輩たちの経験から学ぶ　社会人基礎力の鍛え方」を読み、今後の能力アップの参考にしてほしい。

「社会人基礎力診断」質問表

WEBよりダウンロード可

あなたの日ごろの行動を振り返り、最も当てはまるものを**4つの選択肢の中から1つだけ**選ぼう。自分自身で行動を振り返ることが重要なので正直に答えよう。自分の成長が分かるように、診断日を記入するといいだろう。

設問		実施日		
		1回目 年　月　日	2回目 年　月　日	3回目 年　月　日
Q1	**授業への取り組みについて**			
①	興味のある科目がないので、友達に合わせて履修した。			
②	親から卒業だけはするように言われているので、授業にはきちんと出ている。			
③	授業でレポートがあれば規定通りに提出するようにしている。			
④	授業で分からないことや興味がわいたことがあれば、自分で調べるようにしている。			
Q2	**サークルやアルバイトにおける他人とのかかわり方について**			
①	サークルやアルバイトでは、他の人の意見を聞きながら、自分の考えを伝えて全員が協力して取り組めるようにしている。			
②	周りの人とかかわらないようにしている。			
③	サークルやアルバイトでは、自分のやるべきことは言われなくてもするように心掛けている。			
④	サークルやアルバイトでは、何事も仲間と協力しながら取り組むようにしている。			
Q3	**授業への意欲とスキルアップについて**			
①	普通に就職がしたいので単位は落とさないようにしている。			
②	将来の夢があるので自分でテーマを決めて地道に勉強を続けている。			
③	学校の授業にはあまり出席していない。			
④	出席率が単位取得に大きく影響する授業は遅刻や欠席をしない。			
Q4	**サークルやアルバイト活動の改善について**			
①	サークルやアルバイトでは、どうすれば自分が活動しやすいか、働きやすいかを考えている。			
②	サークルやアルバイトでは、どうすれば職場や部全体が良くなるか自分の考えを提案している。			
③	サークルやアルバイトでは、常に周囲の意見を聞いて職場や部全体が良くなるよう提案している。			
④	サークルやアルバイトでは、先輩の言う通りにするのが一番だと思う。			
Q5	**課題が与えられたときの対応について**			
①	たくさんの課題が与えられたときは、全部できなくても仕方ない。			
②	たくさんの課題が与えられたときは、とにかくすぐに取り掛かる。			
③	たくさんの課題が与えられたときは、まずできそうなことから始める。			
④	たくさんの課題を与えられたときは、全体を把握して段取りを立てた上で取り組む。			
Q6	**サークルやアルバイトで新規性のあることを考える**			
①	サークルやアルバイトなどでイベントがある場合、過去の活動を参考にしながら、今までにない意見やアイデアを工夫して提案するようにしている。			
②	サークルやアルバイトなどでは、適当にその場の意見に合わせている。			
③	サークルやアルバイトなどでイベントがある場合、他の人の良い意見やアイデアに賛同するようにしている。			
④	サークルやアルバイトなどでイベントがある場合、自分の意見やアイデアを提案するようにしている。			

〈質問表続き〉

	設問	実施日		
		1回目 年　月　日	2回目 年　月　日	3回目 年　月　日
Q7	**授業やゼミでの発表について**			
①	授業やゼミなどで発表する際には、決められた時間内で収まるようにしている。			
②	授業やゼミなどで発表する際には、誰にでも分かるように図表などを使って丁寧に説明する。			
③	授業やゼミなどで発表するのは苦手だ。			
④	授業やゼミなどで発表する際には、自分の言いたいことを発言できるように努力している。			
Q8	**人との会話について**			
①	人の話を聞くときは、相手のじゃまをしないよう静かに話を聞いている。			
②	人の話を聞くときは、頷いたり相づちを打ったりして、相手が話しやすいよう気遣っている。			
③	人の話を聞くときは、相手の話をよく聞いて、分からないことがあれば質問をする。			
④	人の話を途中でさえぎって話すことがある。			
Q9	**自分の意見が相手に理解されないときの対応について**			
①	理解できない人は、放っておく。			
②	自分の意見が受け入れられない場合も、なんとか相手に理解を求める。			
③	自分の意見が受け入れられない場合でも、自分の意見のほうが正しいと思えば説得を試みる。			
④	自分の意見が受け入れられない場合には、相手の意見を聞き、納得できる考えであれば主張を変更することができる。			
Q10	**サークルやアルバイトでの役割について**			
①	サークルやアルバイトで活動・仕事をする場合には、自分の担当以外でも手伝えることがあれば手伝うようにしている。			
②	サークルやアルバイトで活動・仕事をする場合には、自分のやりたいことだけやっている。			
③	サークルやアルバイトで活動・仕事をする場合には、自分のできることをするようにしている。			
④	サークルやアルバイトで活動・仕事をする場合には、皆で話し合いながらやるべきことを分担している。			
Q11	**レポート提出についての意識**			
①	レポートの提出期限は、締め切りを守るようにしている。			
②	レポートの提出期限は、何かあるかもしれないので1日前の提出を心掛けている。			
③	レポートの提出期限は、1日くらいなら遅れても構わない。			
④	レポートの提出期限は、日付が変わらなければその日の夜中でも間に合えばよい。			
Q12	**サークルやアルバイトで怒られたときの意識**			
①	サークルやアルバイトの先輩に理由が分からず怒られたときには、我慢して耐えるようにしている。			
②	サークルやアルバイトの先輩に理由が分からず怒られたときには、怒っている理由を聞くようにしている。			
③	サークルやアルバイトの先輩に理由が分からず怒られたときには、理由を聞いて謝り、あとは気にしないようにする。			
④	サークルやアルバイトの先輩に理由が分からず怒られたときには、悩んで考え込んでしまうことがある。			

「社会人基礎力診断」 診断計算表

WEBよりダウンロード可

各設問に対する回答番号をチェックしよう。

能力	設問	選択肢					
前に踏み出す力	Q1（主体性）	回答	1回目	①	②	③	④
			2回目	①	②	③	④
			3回目	①	②	③	④
		配点		0	1	2	3
	Q2（働きかけ力）	回答	1回目	①	②	③	④
			2回目	①	②	③	④
			3回目	①	②	③	④
		配点		3	0	1	2
	Q3（実行力）	回答	1回目	①	②	③	④
			2回目	①	②	③	④
			3回目	①	②	③	④
		配点		2	3	0	1
	Q1～Q3の合計点	1回目	合計　点				
		2回目	合計　点				
		3回目	合計　点				

能力	設問	選択肢					
考え抜く力	Q4（課題発見力）	回答	1回目	①	②	③	④
			2回目	①	②	③	④
			3回目	①	②	③	④
		配点		1	2	3	0
	Q5（計画力）	回答	1回目	①	②	③	④
			2回目	①	②	③	④
			3回目	①	②	③	④
		配点		0	1	2	3
	Q6（創造力）	回答	1回目	①	②	③	④
			2回目	①	②	③	④
			3回目	①	②	③	④
		配点		3	0	1	2
	Q4～Q6の合計点	1回目	合計　点				
		2回目	合計　点				
		3回目	合計　点				

能力	設問	選択肢					
チームで働く力	Q7（発信力）	回答	1回目	①	②	③	④
			2回目	①	②	③	④
			3回目	①	②	③	④
		配点		2	3	0	1
	Q8（傾聴力）	回答	1回目	①	②	③	④
			2回目	①	②	③	④
			3回目	①	②	③	④
		配点		1	2	3	0
	Q9（柔軟性）	回答	1回目	①	②	③	④
			2回目	①	②	③	④
			3回目	①	②	③	④
		配点		0	1	2	3
	Q10（情況把握力）	回答	1回目	①	②	③	④
			2回目	①	②	③	④
			3回目	①	②	③	④
		配点		3	0	1	2
	Q11（規律性）	回答	1回目	①	②	③	④
			2回目	①	②	③	④
			3回目	①	②	③	④
		配点		2	3	0	1
	Q12（ストレスコントロール力）	回答	1回目	①	②	③	④
			2回目	①	②	③	④
			3回目	①	②	③	④
		配点		1	2	3	0
	Q7～Q12の合計点	1回目	合計　点				
		2回目	合計　点				
		3回目	合計　点				

※「社会人基礎力診断」は、ネクストエデュケーションシンクと日経 HR が共同開発しました。

レーダチャートに記録を残そう！ WEBよりダウンロード可

3つの能力の点数をレーダチャートに記録しておこう。回数を重ねるごとにレーダチャートの三角形がどんどん大きくなるように、社会人基礎力を磨くことが大切だ。

記入例

レーダチャートのメモリ上にある各能力の点数部分に点を付け、それぞれを線で結ぼう。メモリの最高値は、「前に踏み出す力」「考え抜く力」は9まで、「チームで働く力」は18までになっているので、間違わないように。点で結んだ三角形が大きければ大きいほど、社会人基礎力があることになる。

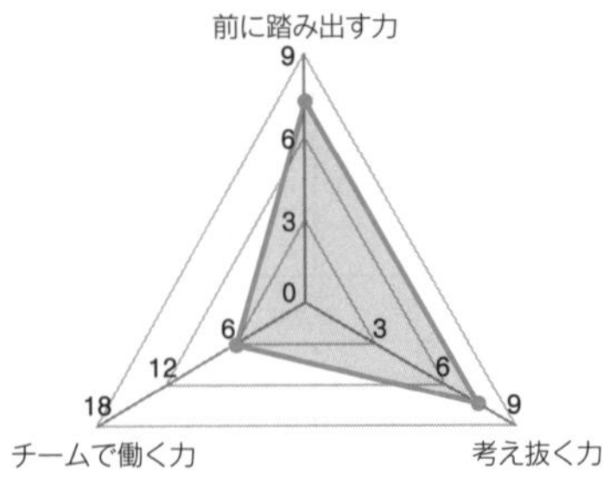

1回目　　年　　月　　日

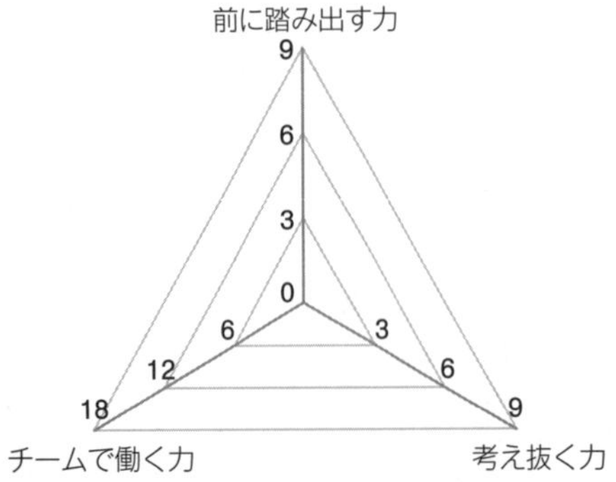

2回目　　年　　月　　日

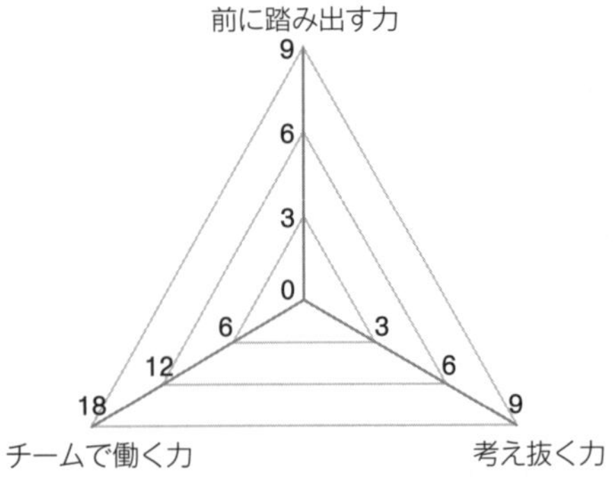

3回目　　年　　月　　日

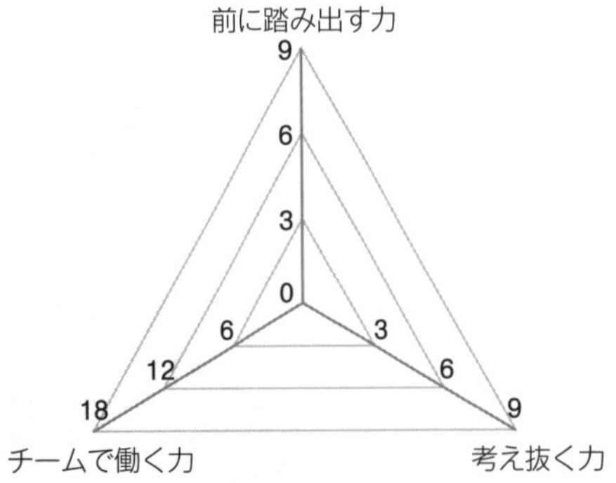

社会人基礎力診断結果

●前に踏み出す力

7点～9点	素晴らしい結果です。「前に踏み出す力」を十分に実践できています。今後は、学校でもゼミやサークル活動で今まで以上に難易度の高い目標を設定しましょう。そして実行力を生かして、周囲を引っ張るリーダーにも挑戦してみましょう。
4点～6点	一般的な学生のレベルです。社会に出たら、今まで以上に「前に踏み出す力」が求められることを意識しましょう。こうしたほうがいいと思ったら、失敗を恐れず、積極的に他人に働きかけ、何事も粘り強く実行することを心掛けましょう。
0点～3点	「前に踏み出す力」が不足しているようです。まずは何か１つでもあなたが興味のあることを見つけ、積極的に取り組んでみてください。勉強やサークル活動などに挑戦し、学生生活をもっと有意義に過ごす工夫をしましょう。

●考え抜く力

7点～9点	素晴らしい結果です。十分に「考え抜く力」があります。今後もゼミやサークル活動で課題を見つけ、解決策を考えて実行しましょう。学生時代に身に付けた課題発見・解決のためのロジカルシンキングなどの手法は、社会でも役に立ちます。
4点～6点	一般的な学生のレベルです。社会では、単なる思いつきではない「考え抜く力」が求められます。常に日ごろの学校生活やサークル活動などで問題意識を持ち、課題を発見し自分で解決するプロセスを考えて改善することを心掛けましょう。
0点～3点	「考え抜く力」が不足しているようです。日常生活の中で何かに取り組む際には、常に「もっと良くするにはどうすればいいか」を考えたり、その方法を調べたりしてください。その積み重ねが考える力を養います。

●チームで働く力

13点～18点	素晴らしい結果です。あなたは、十分に「チームで働く力」を実践できています。今後は、学校のゼミやサークル活動で、より大勢の人や立場の異なる人とのかかわりを増やし、今まで以上にチームワークを生かしていってください。
7点～12点	一般的な学生のレベルです。社会に出たら、今まで以上に立場の異なる人と協力して物事を進める機会が増えます。他の人を尊重しながらも自分の意見を的確に伝え、チームの活動に協力できるようにしましょう。
0点～6点	「チームで働く力」が不足しているようです。少人数でもいいので、立場の異なる人がいるグループ（チーム）活動に積極的に参加しましょう。これらの活動を経験することで、他のメンバーと良好な関係をつくるための能力が身に付きます。

先輩たちの経験から学ぶ 社会人基礎力の鍛え方

社会人基礎力診断で、自分の能力のレベルが分かったことだろう。ここでは、12の能力のレベルアップ法と、先輩たちが就職活動のときにまとめた学生生活での経験を参考に、どんな行動や考え方が社会人基礎力の養成に通じるのかを見てみよう。

※以下で挙げている経験談は大学生の話を基に作成している。

前に踏み出す力 主体性 物事に進んで取り組む力

誰かからの指示を待つのではなく、自らやるべきことを見つけ積極的に取り組む力。例えば、講義を聴いているだけでなく、分からないことがあれば先生に質問して疑問を解消する。さらに、興味の湧いたことがあれば、自分自身で書籍やインターネットを使って調べるなど、自分のやるべきことに積極的に取り組むことができるかどうかが重要。

この力を強化するには、自分のやるべきことを常に考え、自主的な実践を心掛けることだ。アルバイトやサークルなどでも自分が何をすれば、仕事や仲間のためになるのかを考えることから始め、徐々に行動に移してみよう。

学業編▷▷大学のゼミで講師に来てくれた先生の話にとても興味を持ち、積極的に質問をしました。最初の授業のときにその分野に関する専門書を教えてもらい、2回目の授業のときまでに読み終え、感想を書いて渡しました。すると、講師の方が「業界の知り合いとの会合があるから来ないか」と声を掛けてくださり、実際に働いている人から話を聞くことができました。自ら積極的に動くと、相手も応えてくれることが分かった貴重な体験でした。

サークル・部活動編▷▷高校まで運動が苦手でしたが、大学入学を機に運動部に所属しようと決め、ラクロス部に入りました。ほとんどが初心者だったので、みんな同じレベルかと思いましたが、もともとの運動能力の違いは歴然としていて、すぐに部のお荷物になりました。同級生に、「今まで運動をしたことがなかったが、そんな自分の殻を破りたい」という話をして、個人練習に協力してくれるように頼みました。その結果、多くの仲間が練習に付き合ってくれ、3年次にはレギュラーになるまでに上達しました。

アルバイト編▷▷テーマパーク内の飲食店でアルバイトをしていて、新人の指導係になりました。店には接客マニュアルはあるのですが、それはあくまでも基本的なもので、日々のお客様の多種多様な要望などへの対処法についての記述はありませんでした。そこで、私ともう一人、長期の経験者がいたので、私たちの経験を基にしたお客様対応マニュアルをイラスト入りで作成しました。リアルな内容なので、アルバイトだけでなく、社員さんにも喜ばれました。

前に踏み出す力　働きかけ力　他人に働きかけ巻き込む力

メンバーに「やろうじゃないか」と呼びかけて、目的に向かって周囲の人を巻き込み動かしていく力。例えば、アルバイト先で問題点があれば、アルバイトという立場であっても自分なりの改善策を社員や他のアルバイトに伝えてみる。自分の考えをまとめ、周囲の賛同を得ながら、全員に働きかけて問題点を改善していくことが働きかけ力である。

自分一人で何かをするのではなく、団体で取り組むことに挑戦してみよう。集団に入ることで、人それぞれに考えを持っていることが分かるだろう。その中で自分の考えを他の人に説明し、皆から意見を聞き、仲間を盛り上げて物事に当たることを目指そう。

学業編▷▷法律関係のゼミに所属し、模擬裁判を中心に勉強していました。それを学園祭で大々的にやることを企画したのですが、私のゼミだけでは人数が足りなかったので、法学部のほかのゼミに呼びかけました。賛同してくれた2つのゼミと協力し、最近の事件をテーマにした模擬裁判を成功させました。

サークル・部活動編▷▷演劇サークルで衣装を担当したのですが、部員が少ないために部費は会場代にしかならず、衣装を買うことができませんでした。そこで、部員の協力を得てフリーマーケットで洋服を売りながら、衣装に使えそうな洋服を買ったり、物々交換をして洋服を集めたりしました。その後、みんなで衣装を手作りしました。全員の意見を聞きながら衣装を作ったので、例年以上にいい衣装だったとOB・OGにもほめられました。衣装代も例年の半分以下に抑えることができました。

アルバイト編▷▷講師をしていた塾で引っ越しをすることになり、私たちは資料を箱から出して棚に入れる役目でした。これまで資料は何の脈絡もなく棚にあったのですが、科目ごとに分け、使用頻度の高いものを取りやすい位置に置くように提案しました。最初は言われたことをやればいいという人もいましたが、今回整理すれば今後仕事がしやすくなることを説明し、全員で協力してやり遂げました。

前に踏み出す力　実行力　目的を設定し確実に行動する力

言われたことをただやるのではなく、自ら目標を設定し、失敗を恐れず行動に移し、困難があっても粘り強く取り組み、目標を実現していく力。例えば、大学では、将来自分がやりたい・就きたい仕事などに関連する講義を選択し、自分でテーマを決めて地道にその仕事・業界について調べ、必要となる基礎知識や業界情報を習得するような力。

卒業後の仕事でも、学業やサークル、アルバイトでも、行動する際には必ず、目標を設定するようにしよう。目標の実現に向けて、どれだけ努力できるかが重要だ。

学業編▷▷私が頑張ったのは編入試験です。短大に入学して勉強した内田百閒にとても興味を持ったからです。短大では専門的な勉強ができないため、4年制大学に編入することを決めました。次に編入するにはどの大学が適しているのか、編入の条件などを調べました。編入するには卒業単位よりも多く単位を取得しなくてはならないため、履修計画を立て直し、編入を考えている学生同士の勉強会などを開きました。その結果、編入先の学部に関する科目を多く取得でき、第一志望の大学に合格することができました。

サークル・部活動編▷▷私が所属していたスキー部は、毎年、地域の大学が集まって開くスキー大会に参加していました。運営は持ち回りで担当しており、私が2年生のときにうちの大学が運営担当になったのです。いつもと違った内容にするために、講師を呼んでスキー教室を開くことを提案しました。しかし、講師料など20万円が必要なので、近くの旅行会社と交渉をして、バスの一括発注や宣伝などによって、資金を出してもらうことに成功しました。社会人が学生である私に真剣に向き合って話を聞いてくれたことに感激しました。そして、やればできることを学びました。

アルバイト編▷▷大学予備校で、小論文の講師としてアルバイトをがんばりました。そこでは、生徒が論理的な小論文を書くための教え方を考えました。「正しい書き方」ではなく「正しい考え方」を伝えるために、言葉だけではなく思考の過程を図解で説明するようにしました。同時に、生徒同士が自分たちの小論文についてディスカッションする機会も設けました。これによって、生徒は論理的に物事を考えることができるようになり、私自身も論理的思考力が付いたと感じています。

考え抜く力　課題発見力　現状を分析し、目的や課題を明らかにする力

目標に向かって、自ら「ここに問題があり、解決が必要だ」と提案する力のこと。例えば、学業なら「どこが苦手なのか、どうすれば成績が上がるのか」、部活動の場合には「どうすれば個人・チームが強くなれるのか」を考え、自分なりに現状分析して課題を見つけ、どうすれば目標に近づけるのかを具体的に提示することができる能力だ。

行動する際には、常に目標を意識し、目標に対して現在の進行状況はどうなのかを考えるようにしよう。頭の中で考えるのもいいが、図や文書にまとめると、自分が理解しやすいだけでなく、他の人たちも理解しやすいだろう。

学業編▷▷修士論文の中間発表を運営する実行委員として、「役に立つ研究要旨集を作ること」を目標とし、それを実践するために3つの改善を提案しました。ところが、他の人たちからなかなか賛同を得られませんでした。もう一度見直したところ、「その提案」がなぜ必要なのかという部分が不明確だからではないかと感じ、私はなぜ改善が必要なのかに重点を置いて、話し合いを進めました。その結果、新しい3つの提案をまとめることができました。その改善点をきっかけに、「他もこうしたほうがいい」といった意見が出るなど、さらにより良いものを作ろうという雰囲気を作ることができ、結果、論文発表もうまくいきました。

サークル・部活動編▷▷私は仲間3人と英会話サークルを立ち上げました。活動内容は外国人を招いての英会話を楽しむというもの。当初、あいまいな運営をしていたことから人数は増えず、活動内容や活動日数、金銭的問題などが生じ、解散の危機にまでなりました。そこで現状の問題点を整理し、管理分担を再整備しました。その結果、再び活動を軌道に乗せることができました。私は広報担当として人の目を引きつけるようなポスター作りを主に行い、2年間でメンバーは学生40人と高校教師や英会話学校講師などのネーティブスピーカー7人になりました。

アルバイト編▷▷私は2年間就職雑誌の編集アルバイトをしました。20人からなる編集スタッフと一緒に半年間かけて数千社の企業に採用状況を取材し、データにまとめる仕事です。「回答できない項目がある」という理由で、企業から取材を断られることもありましたが、上司や経験の長い先輩に相談し、規定の取材項目とは別に補足枠を設定し、「データ（数字）に反映されない事情は補足項目で補う」という策を見出しました。同様の問題でなかなか取材が進まない仲間にも提案し、企業にも取材を受け入れてもらえるようになりました。

考え抜く力

計画力　課題に向けた解決プロセスを明らかにし、準備する力

課題の解決に向けた複数のプロセスを明確にし、「その中で最善のものは何か」を検討し、それに向けた準備をする力のこと。例えば、授業で多くの宿題が与えられたとしよう。「全部できなくても仕方ない」と諦めることなく、一つひとつの宿題の時間、作業量を整理し、どのような方法で期限内に宿題を仕上げられるかを計画する力である。

問題や課題があるときには、すぐに取り掛かるのではなく、どのような解決策があるのか、どのくらいの時間が必要かを把握し、どうすれば計画通りに物事が進むのかを考えるようにしたい。何かに取り組む際には、必ず期限を設けて取り組むようにしよう。

学業編▷▷私は入学当初、卒業に必要な単位は2年までに履修し、3年次には学生にしかできないことをしようと計画を立てました。そのための履修計画を立てて勉強し、何をするかは決めていませんでしたが、お金は必要になると考え、アルバイトもしました。3年までに予定通りの単位を取得し、時間とお金の両方の準備が整いました。そして、大学生の自分にとって何をすれば有益な経験ができるのかを考えたのです。その結果、アメリカに行くことに決めました。自分でためたお金で、2カ月間の短期語学留学プログラムに参加することができました。

サークル・部活動編▷▷私は初対面の人と話すのが苦手で、その克服のためにより多くの人と話せるサークルに入ろうと思い、関東のゼミの討論会を運営する団体に入りました。団体の活動とは別に人見知り克服1年計画を立てました。目標は1年で初対面の人とでも「雑談ができる」です。初会合の際に名刺交換できた人にはメールを送り、2回目の会合ではメール交換した人に自分から話しかける。3回目までに全員の顔と名前を覚え、何らかの会話をするという計画を実行しました。その後は人から人を紹介してもらい、初対面の人でもなんとか話せるようになりました。現在も努力を続けている途中ですが、初対面が苦手という気持ちは克服できたと思っています。

アルバイト編▷▷私は広告会社で営業アシスタントのアルバイトをしていました。そこでは新規クライアントへの報告書の作成が仕事でした。しかし、体裁や客観性にこだわり過ぎて、期限までに完全に仕上げることができませんでした。そこで社員の方に相談しながら、期限までにやること、妥協すること、こだわることをまとめ、締め切りから逆算して作業に取り掛かることにしました。その結果、期限よりも早く仕上げることができ、社員の方にアドバイスをもらい、さらに良い報告書を作ることができました。

考え抜く力　創造力　新しい価値を生み出す力

既存の発想にとらわれず、課題に対して新しい解決方法を考えること。例えば、サークルで毎年恒例のイベントの企画担当になったときに、「新しいことをするのは面倒だから例年と同じ企画でいこう」と考えるのはダメ。過去のイベントの活動を把握したうえで、今までにない新しい発想で、意見やアイデアを提案できる力だ。

「これでいいや」と、何も考えずに終わることなく、「何か他に方法はないかな？」と考える習慣を持とう。そして、新しい考えなどが浮かんだら、人と話し合うのもいい。話しているうちにもっと斬新な発想が生まれることもあるだろう。

学業編▷▷大学では生きた情報を基に英語を研究していました。私が研究のテーマに選んだ「イギリスの労働階級が使っている方言」に関する文献は非常に少なく、身の回りにあるリアルな教材を多数使いました。ゼミの発表では、「Google Map」を使って方言の広がり方を解説し、海外のサッカー選手が出演したＣＭや、60年代から現在までのロック歌手の発音を分析し、方言の特徴について「見せる・聞かせる」といった方法を駆使して説明しました。教授やゼミ生からは、今までにない楽しい発表だったと好評でした。

サークル・部活動編▷▷私は障害を持つ子供たちを世話するサークルに所属しています。彼らの中には言葉を話せない、耳が聞こえない子もいて、うまく気持ちが通じませんでした。しかし、子供たちが自然に笑顔になれるものがあれば、きっと心を通わせることができるとの思いから、最終的にたどり着いたのが扮装でした。練習を重ね、おもしろいジェスチャーも交えながらさまざまな扮装を披露したところ、子供たちは周囲を気にすることなく笑ってくれました。介助するだけでなく、楽しませることの重要性を学びました。

アルバイト編▷▷コーヒー店でアルバイトをしていた私は、味は良いのに売れず、大量に廃棄されていたサンドイッチを売れる商品にしようと考えました。最初は陳列場所を変えてみましたが結果が出ず、陳列方法を切り口側だけでなく、その反対側も見えるように交互に置くように変えました。理由は反対側まで具材がたっぷり入っているのを見えるようにするためです。すると、お持ち帰りのお客様が出るほど売れ行きが伸び、当初30個納入していたサンドイッチを2倍の60個も発注するまでになりました。その結果を評価してくれた店長が、時給を50円上げてくれました。

チームで働く力　発信力　自分の意見を分かりやすく伝える力

自分の意見を分かりやすく整理した上で、相手に理解してもらうように的確に伝える力。例えば、授業やゼミなどで発表する場合、先生や同学年の友人などに理解してもらうために、相手がどのくらい自分が発表する内容について知識を有しているかを把握した上で、丁寧に分かりやすい説明ができること。話すだけでなく文章の場合も同じ。

自分の意見を発信する際には、自分が話したり、書いたりすることばかりを考えることなく、聞いている・読んでいる人にとって分かりやすいかどうかを考えることが大切だ。言葉や文章だけでなく図や表を用いた伝達方法もいいだろう。

学業編▷▷経営戦略のゼミで、最も力を注いだのは積極的に発言することです。毎回、題材となるテキストを熟読し、自分の頭で精いっぱい考えたことを自分の意見として必ず発言するようにしました。発言することによって、自分がちゃんと理解しているのかを確認し、自分の意見を他人がどう受け止めるのかを知ることができるからです。これによって、私は自分の意見をまとめて他人に伝えることと、人によって受け止め方が千差万別だと知ることができました。

サークル・部活動編▷▷私は学科の指導学生として、新入生に対して行われるオリエンテーションで履修説明をする活動に力を入れてきました。何も分からない新入生に対して、自分の経験したことを交えながら分かりやすく説明できるように努力しました。また、同じ指導学生の仲間たちと、「どうしたら楽しいオリエンテーションにできるか」について何時間も意見を交換し、お互い納得できるような方法を探しました。この経験もあって、後輩たちに正確な情報を伝えることができたと思います。私たち自身、後輩に授業内容なども説明しなければならないために、授業にはちゃんと出席しているので、自分のためにもなっています。

アルバイト編▷▷私は雑誌の編集部でアルバイトをしていました。読者が選ぶランキング特集という企画があったのですが、アンケート用紙は文字だけの選択方式でした。そこで、より読者が選びやすく、選択肢をイメージしやすいようにイラスト入りの用紙にすることを提案しました。すると、そのアイデアが通り、私のイラストもそのまま採用されました。その結果、アンケートの回収率が2割ほど上がり、読者からも「おもしろい」「かわいい」などの意見が寄せられました。

チームで働く力 傾聴力 相手の意見を丁寧に聴く力

相手が話しやすい環境をつくり、適切なタイミングで質問するなど相手の意見を引き出す力。人と会話をするときには、相手の顔を見て、頷いたり、相づちを打ったりして、話しやすい環境をつくることが必要だ。また、分からないことがあっても途中でさえぎることなく、相手の話が終わってから質問をすれば、相手は自分に興味を持ってくれていると感じるだけでなく、話はさらに広がるだろう。

人の話を聴く際には、イスに寄りかかったり、腕組みをしたりせず、相手を尊重し、よい姿勢で相手の顔を見て聴くことが大切。相手の話しやすい環境は、自分にとっても話しやすい環境だ。

学業編▷▷私は修士論文の中間発表会を運営する委員になりました。発表を行う際に、1.各自が形式的でない分かりやすい資料を作成する、2.各人の発表内容の要旨を書いた小冊子を作成するという2点を提案しました。ところが、会合ではいろいろな意見が出るもののなかなかまとまらず、時間が掛かるだけでした。そこで、個別に意見を聞き、それを集約し、全員で議論するようにしました。その結果、論点も絞り込まれて話し合いが進み、私の提案を補足するような意見も出て、発表会は成功しました。単にみんなで話し合うだけでなく、それぞれが話しやすい状況で意見を聞くことが良い場合もあることを知りました。

サークル・部活動編▷▷私はディベートのサークルに所属していました。ディベートは相手を論破するという点ばかりが注目されがちですが、最も必要なのは相手の話をじっくりと聴いて理解することです。相手の話のどこに矛盾点があるのかを探り、そこを突くのが勝敗を決める点です。一方的に話すだけではなく、まずは相手の話を受け入れ、そこから活路を見出すというのがディベートで培った技術。この経験は社会でも生かせると思います。そして、矛盾を指摘するのではなく、質問をしながら相手に自身の矛盾に気付かせるようにするテクニックも身に付けました。

アルバイト編▷▷私は、スポーツクラブで、見学者への説明をするアルバイトをしていたのですが、常に「聴く、聴く、聴く、話す」を心掛けていました。最初は館内や設備、制度、料金を従来のマニュアルに従って説明していましたが、入会者数の向上にはなかなか結び付きませんでした。そこで、私はお客様のライフスタイルに合ったプランや利用方法を提案することを考えました。そのためには、見学者から要望を聞き出すことに加え、現会員にも利用方法に対する意見をヒアリングすることにしました。そうすることによって、リアルな使い方を提案することができ、見学者の加入率が従来の倍まで増えました。

888 チームで働く力　柔軟性　意見の違いや立場の違いを理解する力

自分のルールややり方に固執するのではなく、相手の意見や立場を尊重し理解すること。自分の意見が受け入れられない場合に、無理に自分の考えを押し付けてはいないだろうか？ これではダメで、他人と意見が違う場合には、なぜ相手がそう考えるのかを理解し、ときには相手の考えに合わせることができる心のゆとりがほしい。

相手と会話をするときは、相手がどのような立場でそのような考えをしているかを冷静に判断し、相手の意見を理解することが必要だ。その上で、納得できる考えであれば、自分の主張を変更できるようにしたい。相手の立場に立って物事を考える訓練が必要だ。

学業編▷▷私はゼミで多民族国家に関する研究をしてきました。週に1回、日本に暮らす外国籍の子供のメンタルケアをするボランティア活動もしていました。国や個人によって、子供への接し方や教育に対する考え方の違いに、私たちがどう対処すべきか悩みました。その結果、私たちができることは、各家庭の流儀を尊重しながら、日本の文化や教育システムとどう折り合っていけるかを提案することだと思いました。この経験を通して、実にさまざまな価値観があることを知りました。

サークル・部活動編▷▷大学3年次に、10のテニスサークル・500人が参加する学内団体戦の企画運営を担当する委員長になりました。すべての人に楽しんでもらいたいと思い、各サークルの代表に集まってもらい、従来の大会に関する不満などの意見を出してもらいました。テニスの弱いサークルからは「参加費が高い」と意見が出ました。それは弱いサークルは人数も少なく、大きなサークルと比べると一人当たりの負担が3倍にもなります。しかも、予選の2試合しか戦えない。この現状が分かったので、一人当たりの負担は各サークル同じになるように参加費を変更したり、弱いチームの予選会を開くなど、試合数もできるだけ公平になるようにしたりしました。大きなチームも私の意図を理解し、協力してくれました。

アルバイト編▷▷私は高校時代から現在まで、接客のアルバイトを続けています。その経験で、さまざまな人に対して、相手の気持ちになって考えることができるようになりました。駅の近くの飲食店で、お年寄りからお子様連れまで幅広い客層だったため、お客様に合わせて誘導する座席の位置を変えたり、オススメのメニューを紹介したりしました。お年寄りには入り口やトイレに近い席に案内し、料理は季節メニューなどを紹介し、お子様連れには喫煙席から離れた窓側の席に案内し、軟らかい料理を紹介していました。今では、街中を歩いていても常連さんから気軽に声を掛けられるようになりました。

チームで働く力　情況把握力　自分と周囲の人々や物事との関係性を理解する力

チームで仕事をするとき、自分がどのような役割を果たすべきかを理解する力のこと。例えば、サークルやアルバイト活動で、仲間が自分自身では解決できない課題を抱えていると気づいたときには、現在のチームの状況と自分の置かれている立場・役割を考え、他のメンバーにも声を掛け、みんなで協力しながら手助けをしてあげるようなこと。

社会では、さまざまな人がかかわりあって仕事をするので、周囲の状況を察知し、自分が何をしなくてはいけないか、何ができるかを常に意識することが重要。「自分だけがよければいい」といった考えでいることなく、「仲間のため」という意識を持つことだ。

学業編▷▷私は、ゼミで中国メディアの日本への対応について研究しました。5人で1年かけて研究するというものでしたが、私は調査以外に得意のPCスキルを生かし、みんなが集めたデータをエクセル、イラストレーター、SPSS（統計ソフト）を使ってデータや図表を作り、最終的にパワーポイントによる資料作成までを担当しました。発表者の意見を中心に改良を重ね、全員が納得できる報告書をまとめ上げることができ、担当教授からも全グループの中で最高の評価を受けました。

サークル・部活動編▷▷友人20人と劇団を立ち上げた際、私は脚本と演出を担当しました。演出では、役者との間に上下関係を作らず相互に意見をぶつけ合うことで、お互いに納得できる内容の芝居にするように心掛けました。また、同じ目線で同じ汗を流すことも、信頼を得ることができた要因の1つでした。役者の発声練習に参加したり、一緒に舞台の大道具や小道具などを作ったり、活動費を稼ぐためのアルバイトもしました。また、練習以外でも積極的に対話していくことによって、役者との間に壁のない、一体感のある関係を作り上げられたのだと思います。

アルバイト編▷▷私は将来、社会に出て働くことを考えた際、年上の社会人とうまくやっていけるのかを知りたいと思い、ファミレスでアルバイトを始めました。アルバイト先では店長や料理人のほか、主婦アルバイトなど、年長者と積極的に話をするようにしました。すると、主婦の方の多くは、夜間から深夜にかけてのシフトを減らしたいと思っていることが分かりました。ちょうど、学生アルバイトは専門学校生が多く、学生の中では私が年長者でした。そのため、私を中心とした学生アルバイトで、夜間・深夜のシフトになるべく入るように提案しました。それまで、時間帯の違うアルバイト同士の交流はなかったのですが、お互いを助け合うという気持ちを強めるために、まずはアルバイト全員がお互いを知り合うことができるように懇親会を企画しました。その結果、アルバイト間の交流が深まり、私自身も年長者とのコミュニケーションにも自信が持てるようになりました。

チームで働く力　規律性　社会のルールや人との約束を守る力

状況に応じて、社会のルールに則って自らの発言や行動を適切に律すること。さまざまな人が生活する社会には、みんなが過ごしやすいようにするための社会ルールがある。それは、あいさつや時間を守る、譲り合うなど、他人が不愉快に思う、もしくは迷惑になる行為をしないこと。当たり前のことを当たり前にできるようにすることだ。

社会ルールの基本は、あいさつ。人との関係性はあいさつから始まる。友達でも「おはよう！」などと、声を掛けることから始めたい。また、スマートフォンの普及で、友人との待ち合わせ時間に対してルーズな人も多いが、社会では５分前集合が当たり前だ。

学業編▷▷私は大学の授業では、可能な限り無遅刻無欠席を目指しました。実際には、病気などで休むこともありましたが、それ以外の理由では決して休みませんでした。高校までの自分は、授業をサボったこともありました。しかし、学生生活が終われば、社会で働かなくてはなりません。そう思ったときに、どんな時も自分を律して仕事に向かう父の姿を思い出し、今までの自分が社会で働けるのか不安に思いました。だからその不安を解消するために、社会のルールを身に付けようと思ったのです。学生の自分にできることとして、無遅刻無欠席を目指して授業にまじめに出る、先生にはあいさつをするという目標を決めました。これだけのことを継続した結果、高校時代の自分とは比べものにならないほど成績が良くなり、ゼミでの研究にも積極的に取り組めるようになったと感じています。

サークル・部活動編▷▷私は、ボウリングサークルの活動を通して知り合った町内会の方々と一緒に、清掃活動をしていました。サークルの部員たちは当初、ゴミ拾いはするものの、仲間同士で話しながらしていたり、通行人の邪魔になっていることに気付かなかったりすることもありました。これでは、せっかくの良い活動も他の人の迷惑になってしまい、元も子もありません。全員に、他人の迷惑にならないように話し、活動中は目的に合った行動をするようにしました。

アルバイト編▷▷大学２年生のときに、学生の間では特に厳しいと評判の衣料品店でアルバイトをすることにしました。あいさつ、お辞儀、商品のたたみ方、掃除、高齢者や障害者への接し方など、想像以上に厳しく指導されました。私と同時期に３人が入りましたが、一人は１週間、もう一人も１カ月で辞めたぐらいです。でも、社会で社員として働くことはもっと厳しいと思い、店の要求する水準に達するように努力しました。今では１年以上たちますが、アルバイトは続いています。両親からも普段のあいさつや生活態度が変わったと言われました。

チームで働く力 ストレスコントロール力 ストレス発生源に対応する力

ストレスを受ける出来事があっても、自分の成長のための良い機会だとポジティブにとらえて肩の力を抜き、前向きに対応する力。学生生活におけるストレスの原因第1位は「人間関係」といわれている。友人との人間関係でもめた場合でも、深く悩むことなく、「いずれ修復できる」と、あまり気にしないようなポジティブな考え方のことだ。

ストレスに対応するには、その原因を明確にしてみることだといわれている。自分一人で頭の中で考えるのではなく、原因を紙に書き出したり、友人に話したりすると、「小さなことで悩んでいる」と、気分が晴れる場合が多い。

学業編▷▷私が所属するゼミは、先生が1年間海外に行っていたために先輩がおらず、手探り状態でゼミ活動を進めることになりました。その中で、私はゼミ長になりました。最初のころは「同じ学年なのに上目線の発言だ」とか「何をやりたいのか分からない」などと非難されたこともありました。しかし、ゼミ生のためにも自分のためにもなると思い、あきらめずにみんなに説明するうちに、協力する人が増え、最後には「安心してついて行ける」と言われました。

サークル・部活動編▷▷私は体育会系テニス部に所属していましたが、ケガで活動を断念せざるを得ませんでした。非常にショックが大きく、一時的に何をするにもやる気がなくなりました。ただ、このまま落ち込んでいても仕方ないと思い、マネジャーという形で部の活動に参加しました。ビデオ撮影によるフォームチェックや栄養学、メンタルトレーニングの勉強など、選手として活躍できない分、選手のサポートに全力を尽くしました。その結果、チームは関東リーグへの昇格を達成しました。

アルバイト編▷▷私はスマートフォンの販売のアルバイトをしていました。始めてから2、3カ月したころに他社の店舗が1軒、その後もう1軒できて、激戦区になりました。店長はノルマがあるために、私たちにも契約数を伸ばすようにきつめに言ってきました。限られたお客さんを3店で奪い合うのだから、売り上げが落ちるのは仕方ないと思ったのですが、できる限りの努力はしました。展示棚を装飾したり、手書きのPOP文字の案内板を作ったりと、楽しみながら売り上げを伸ばすことができました。

以上、先輩たちが採用試験のエントリーシートに書いたり、面接などで話した学生時代の経験を紹介した。どの経験が良いとか悪いではなく、このように人に対して、「こんな学生生活を送り、ここが成長しました！」と言えるように、充実した学生生活を送ろう。

社会人基礎力が分かる「頑張ったことノート」を書いてみよう

これは、第７～第９章で記入した「打ち込むことノート」に書いた「目的」や「身に付けたいこと」が、打ち込んだ結果どうなったのかをまとめるノート。そして、その経験の中に社会人基礎力を身に付けた、もしくは発揮した経験があるかどうかも探してみよう。「頑張ったことノート」は、就職活動の際にエントリーシート（選考書類）や面接で説明を求められる「学生生活で力を入れたこと」にも大いに役立つので、就職活動前には一度頑張ったことを振り返ってみよう。

■「頑張ったことノート」の書き方

就職活動の面接などで必ず質問されるのが「学生生活で頑張ったことは何か」。この質問に答えるためにも「何を」「いつからいつまで」「どのように」頑張ったのか、その結果「どんな能力を発揮したのか」をまとめておくといいだろう。

がんばったこと	何を	フットサル
	いつからいつまで	１年から現在まで
	どのように	最初は先輩どころか同級生にも全くついていけなかったが、週２回の練習に必ず参加し、毎晩のランニングで体力は十分に付いた。１年から合宿やＯＢ会の司会をするなど、人前で話す練習をしてきたのでかなり慣れてきた。
発揮した・身に付けた能力	主体性　働きかけ力　実行力　課題発見力　計画力　創造力　発信力　傾聴力　柔軟性　情況把握力　規律性　ストレスコントロール力	

どのように頑張り、どんなときにどの能力を発揮したのか、または身に付けることができたのかを具体的にまとめよう。

能力を選んで○で囲もう。

がんばったこと	何を	英語力（TOEICと留学）
	いつからいつまで	１年から２年
	どのように	１年の夏から２年の夏休み前まで約１年でTOEICの点数を420点から720点まで300点アップした。通学時間と家にいる間は耳をならすために英語を流しっぱなしにした。また、１年の冬から半年間、TOEICの塾に通い、集中的に勉強した。そこそこ英語力が身に付いたので、腕試しに２年の夏休みに1カ月カナダに短期留学をした。
発揮した・身に付けた能力	主体性　働きかけ力　実行力　課題発見力　計画力　創造力　発信力　傾聴力　柔軟性　情況把握力　規律性　ストレスコントロール力	

頑張ったことノート

WEBよりダウンロード可

頑張ったこと	何を	
	いつからいつまで	
	どのように	
発揮した・身に付けた能力	主体性　働きかけ力　実行力　課題発見力　計画力 創造力　発信力　傾聴力　柔軟性　情況把握力 規律性　ストレスコントロール力	

頑張ったこと	何を	
	いつからいつまで	
	どのように	
発揮した・身に付けた能力	主体性　働きかけ力　実行力　課題発見力　計画力 創造力　発信力　傾聴力　柔軟性　情況把握力 規律性　ストレスコントロール力	

Part 4 社会人として必要な力を知る

第11章 Q&Aで分かる就職活動と準備

就活と働き方、企業を知って不安をなくそう

最後に、卒業後の人生に入る前の関門、就職活動について触れておこう。就職活動に不安を覚える学生が多いといわれる今、就職活動はどんなものなのか、何をすればいいのか、今から出来る準備は何なのか、Q＆A形式で解説しよう。

Q1 就職活動はいつから始まるの？

A 3年生（修士1年生・短大1年生・専門1年生）の夏季インターンシップが実質的な選考に

採用選考は早ければ2月から

大学生の就職活動（就活）スケジュールは、国が指針として示している「3年生の3月採用活動解禁」「4年生の6月選考開始」というルールがあるものの、実際にはほとんど守られていない。3月の解禁と同時にエントリーシート（ES）提出による書類選考が始まり、筆記試験・Webテスト、面接へと進む。2023年卒者の選考日程を見ると、3月上旬にESと筆記試験・Webテスト、4月中旬に1次面接、4月下旬に2次面接、5月中旬に3次・最終面接と、それぞれピークが来て、6月上旬に内々定が出る。

この日程とは別にインターンシップ経由の早期選考がある。インターンシップは大学3年夏から翌年2月まで実施されており、評価された学生には早期選考や選考の一部免除が待っている。早期選考は1月からES提出、筆記試験・Webテスト、2月に面接、3月下旬に内々定と進む。インターンシップ経由の早期選考があるので、就活は3年生の夏から始まっているとも言える。

人気企業のインターンシップは多くの学生が参加を希望するため、ES提出、筆記試験・Webテスト、面接と、本番並みの選考があるので、3年生の春から対策に取り組む学生もいる。インターンシップに参加しながら、自己分析や業界・企業・職種研究、選考試験対策を進め、3年生の2月までには選考試験対策を終えたほうがいいだろう。

就職活動のスケジュールを簡単に押さえておこう（①～⑤が流れ、A～Eが対策）

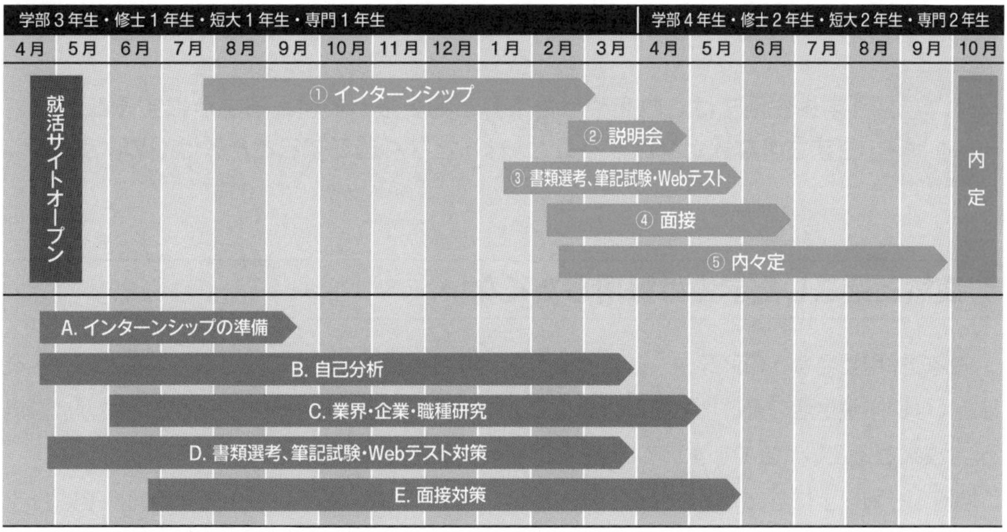

※上記は2023年卒業者のスケジュール

① インターンシップ

本来の意味は企業の職場で数週間から数カ月間、就業体験することをいう。現在の多くのプログラムは、1日から5日間、仕事を疑似体験でするグループワークと、社員との座談会や懇親会を組み合わせたものが多い。従来、インターンシップに参加した学生情報は採用選考に使えないルールだった（実際は使っていた）が、2025年卒業予定者以降は「一定の条件を満たしたインターンシップ」なら、採用活動に使えるというルールに変わった。

② 説明会

企業が事業内容や選考方法等の情報を提供するのが説明会。3月の採用活動解禁後に実施されるが、オープン・カンパニーとも呼ばれる説明会は3月より前に開催される。

③ 書類選考、筆記試験・Webテスト

書類選考＝エントリーシート（ES）による選考で、「志望動機」「学生生活で力を入れたこと（ガクチカ）」「自己PR」などを400文字前後で説明する。かつては手書き・郵送が多かったが、今ではWeb上の入力フォームからの提出が一般的。筆記試験・Webテストは「SPI」「玉手箱」「CAB（キャブ）」「GAB（ギャブ）」などの種類がある。SPIは専用会場のパソコンで受検するテストセンター方式が多かったが、新型コロナの感染拡大によって自宅で受けるWebテストが増えた。

④ 面接

選考の最終関門となるのが面接。コロナ禍以降、オンライン面接が普及し、1次面接、2次面接はオンラインが多く、最終面接になると対面での面接が増える。コロナ禍前はグループワークによる選考も一定数あった。

⑤ 内々定

内定は企業の採用通知書、学生の承諾書によって労働契約が成立した状態のこと。国の指針では内定時期は「10月1日以降」のため、それ以前に内定を約束するのが内々定。

A. インターンシップの準備

インターンシップに参加するための選考試験対策も必要（以下「D.書類選考、筆記試験・Webテスト」参照）。インターンシップでは、参加時の言動が評価の対象になる。就業体験に向けてビジネスマナーや社会人との雑談などをできるようにし、グループワーク（GW）もあるので友人たちとGWの練習もしておこう。

B. 自己分析

ESや面接で質問される「自己PR」「ガクチカ」などを答えるために、過去を振り返って自分の強み、その強みを身に付けた・発揮した経験を整理するのが自己分析。自己分析で分かった強みを生かし、どのように働きたいのか、将来のキャリアについても考えておくといいだろう。

C. 業界・企業・職種研究

自分の強みや適性に合った仕事を探すためには、業界・企業・仕事内容を知る必要がある。「志望動機」を固めるための作業でもある。多くの企業を知ったうえで、自分に合った企業を見つけることができれば、就活の満足度も高まる。インターンシップ、説明会、OB・OG訪問、新聞などで情報を集めよう。

D. 書類選考、筆記試験・Webテスト対策

ES用に「自己PR」「ガクチカ」「志望理由」の回答を400文字程度にまとめておく。それを提出企業ごとに書き分けたら、キャリアセンターの職員や先生に読んでもらい意味が通じるか確認してもらおう。筆記試験・Webテストは非言語（算数）問題を苦手とする文系学生が多いので、SPIの問題集で練習しておこう。Web受検は解答方法や画面、制限時間などに慣れることも必要。

E. 面接対策

オンライン面接は事前にパソコンやWi-Fi環境、ヘッドセットの不具合の有無を確認すること。対面ではマナー・あいさつの練習を。本番前に模擬面接などで練習をしよう。

Q2 入学したばかりですが、今から就職活動に向けて何かすることはありますか？

A 「学生生活ではこれをやった！」と胸を張って言えるようにすること、さまざまな人と交流すること。なんとなく過ごすことだけはやめよう！

漠然と過ごした学生は採用したくない

企業の採用担当者へのアンケートで、採用したくない学生生活の過ごし方を聞いたところ、「漠然と過ごしてきてしまっている」という回答が8割以上になった。つまり、学生生活を振り返って「これをやった！」と、胸を張って言えるものがない学生は採用したくないと考えている。また、「アルバイトだけ」「勉強だけ」と、1つのことだけにしか取り組まなかった学生への評価も低い。

学生の本分である学業は当然のことながら、アルバイト、サークル・部活動、ボランティア活動、留学などに積極的に取り組むようにしたい。さまざまな活動を通して、成功や失敗を経験し、多くのことを学ぶことが、人を成長させる。経験の数、経験の濃さが成長度合いと比例すると言っても間違いない。

そのため、企業は採用選考の面接では、「学生生活で力を入れたこと」を質問している。「力を入れたこと」の回答を聞いて、どんな活動に取り組み、何を経験し、何を学び・身に付け、それを他の活動でどのように生かしているのか、といったことを知りたいからだ。経験を通して成長している学生であれば、企業に入っても仕事を通して成長すると考える。

学生生活では、さまざまなことに取り組み、多くの経験を積むことが大事なのだ。

多様な価値観に接することで人間的に成長する

次に、「さまざまな人と接する機会をどれだけつくれるか」の重要性について。例えば大学に入ると、同じ大学の同じ学部の学生、同じ大学の同じサークルの学生などが友人になることが多くなる。また、一部のマンモス大学を除くと、同郷者が多く進学する大学も多い。同じ大学内の同級生は学力も育った環境も似ているために同じような考え方をする学生が多く、意見が食い違うこともあまりない。つまり、学生にとっては非常に居心地のいい環境なのである。

ところが、社会に出ると年齢も出身地も出身大学も違う人たちと一緒に仕事を進めなければならなくなる。また、将来的には国や文化の異なる人々と働く可能性も大いにあるのだ。異なる大学の学生や外国人留学生、アルバイトを通して社会人と付き合うなど、自分とは価値観の異なる人との接点を積極的に増やすと、人間的な成長につながるだろう。

就職活動対策よりも充実した学生生活を送ろう

書類（履歴書、エントリーシート）選考や面接では、
学生生活のことが聞かれる

3大 頻出質問

①自己PR
②学生生活で力を入れたこと
③志望動機

なぜ聞かれるのか？

学生時代の経験を聞くことで、

❶前向きに過ごしてきたか？
❷経験の中で何を学び、どんな行動を取り、何を得たか？
❸行動と成果は社会人になっても再現性があるか？

などを採用担当者はチェックする

実際に出題された学生生活に関する質問例（カッコ内は出題業界）

◆今までに最も打ち込んできたことは何ですか？誇れるような成果もあれば書いてください（自動車関連メーカー）
◆学生時代に夢中になって取り組んだ内容を教えてください（電機）
◆あなたの強みは何ですか。その強みを会社生活でどのように生かしていきたいですか（商社）
◆あなたがこれまで力を注いできた出来事。その力はどのように身に付いたか（情報処理）
◆学生時代にどんな点に苦労し、どのように乗り越え、どんな成果を出したかを具体的に（電機）

しかし、毎年こんな学生が多い

キャリアセンターへ寄せられた相談例

私はこれから企業に提出するエントリーシートのために自己PRを考えており、その中で学生時代に打ち込んだことについて、最も悩んでいます。

高校生のときに、当時の成績から行けそうな大学を決めて、入学しました。その後も大学ではサークルやアルバイトはやらず、友達付き合いもほとんどありませんでした。日ごろから取り組んでいる趣味も特にはなく、何となく日々を過ごして、何となく大学に通っている状態です。大学の成績も客観的には良いとは言えないと思います。

そのために学生時代に打ち込んだことがありません。どうすればよいのかアドバイスをいただきたいです……。

このようにならないためには

低学年時からさまざまな活動に積極的に取り組むことが大事！

第 7 ～第 9 章を参考にしよう。

Q3 業界や企業のことを知りません。将来、ちゃんと就職できるかどうか不安です。

A 身近なモノ・サービスを見て、どんな企業があるのかを知ることから始めるといいだろう。その後、新聞を読んで普段目に触れない企業があることも知ろう。

興味のある商品・サービスから知っている企業を増やす

世の中にどんな企業があるか、学生が知らないのは当然のこと。就職活動が始まるまでに、もしくは活動中に企業の知識を増やせればいい。多くの社会人も自分の仕事に関連する業界の企業は知っているが、それ以外はあまり知らないものだ。ただ、就職活動をする際にはある程度の数の企業を知ったうえで、志望する企業を絞り込んだほうが、自分に合った企業が見つかる可能性は高くなる。

ただ、「企業を知ろう！」とやみ雲に調べても長続きしないので、まずは自分の興味のある商品やサービスから企業を見ること。その商品はどんな企業が作っているのか、どこが最大手なのか、他にどんな商品を作っているのかなどを調べてみよう。例えば、「住宅メーカーがサーモンの陸上養殖施設の開発を進めている」など、思わぬ発見があるはずだ。「興味」→「企業」→「知らない商品」→「他の企業」と、ネットサーフィンをやるように企業を発見していくことができる。

普段接することのない企業は新聞から

学生が知っている企業の多くは、消費者が直接利用する商品やサービスを提供しているＢ to Ｃ（ビー・ツー・シー、business to consumer）と言われる事業形態を取っている。一方、消費者が直接購入することのない商品・サービスを提供している企業をＢ to Ｂ（ビー・ツー・ビー、business to business）企業という。身近な商品・サービスから企業を探しても、Ｂ to Ｂの企業にはたどり着けないことが多い。具体的には、電子部品、化学、機械、繊維、鉄鋼、金属製品、情報処理・ソフトウエア、コンサルティングなどの業界に属している企業だ。

学生が社名を知らなくても、世界的に有名で、存在感のある企業はたくさんある。こうしたＢ to Ｂの企業を就職先候補に加えるだけで、就職活動の幅は格段に広がる。Ｂ to ＣだけでなくＢ to Ｂにまで目を向けるためには、新聞（特に日本経済新聞）を読むのが最適だ。さまざまな業界の企業の動向が新聞には載っているので、見出しだけ見ていてもこれまで知らなかった企業の存在を知ることができるはずだ。知っている企業数を増やすことが目的ではないが、できる限り多くの企業を知っていれば、自分に合った仕事のできる企業に出合える可能性は高まる。

身近なところから企業を見てみよう

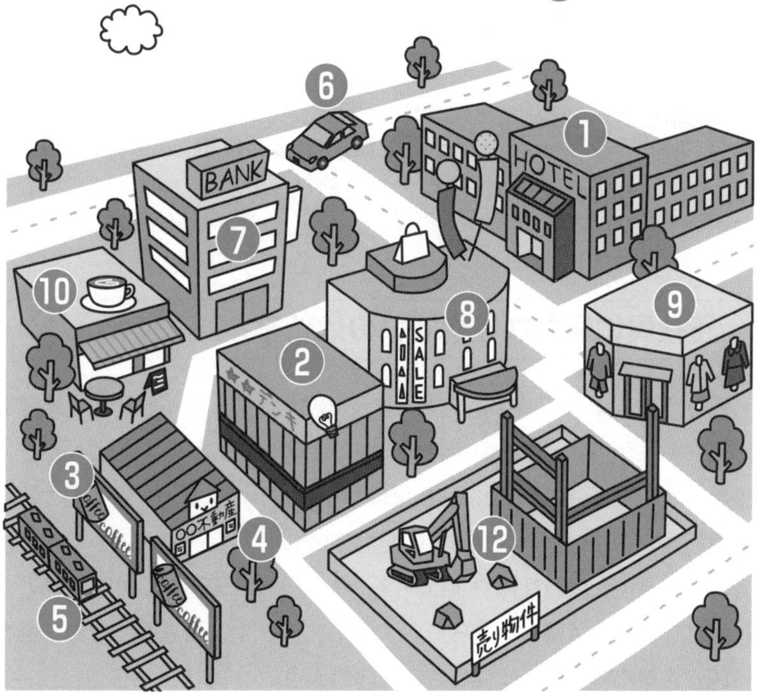

❶ホテル業界
関連業界／外食、旅行など

❷専門店業界（家電製品）
関連業界／電機、小売、卸など

❸広告業界
関連業界／新聞、放送、出版、インターネットなど

❹不動産業界
関連業界／建設、機械（建機、環境）など

❺鉄道業界
関連業界／機械（重機）、小売、旅行など

❻自動車業界
関連業界／自動車部品、鉄鋼、電子部品、ゴム・ガラスなど

❼銀行業界
関連業界／証券、保険など

❽百貨店業界
関連業界／小売、専門店、フードサービス、クレジットカード、アパレルなど

❾専門店業界（衣料）
関連業界／アパレル、繊維、卸など

❿フードサービス
関連業界／専門店、食品など

⓫航空業界
関連業界／陸運、海運、エネルギーなど

⓬建設業界
関連業界／不動産、機械（建機）、設備、ガラス・セメントなど

新聞の読み方心得

新聞に慣れるために①から順に実行してみよう。

①全部の記事を読もうとしない

②見出しを見て興味があれば、前文（見出しの横にある文章。小さな記事は第１段落）を読む

③前文を読んで興味がそそられたら本文を読む

④できるだけ早くお気に入りの連載を見つける（また読もうという気持ちが湧く）

⑤気になる企業、商品を決めて該当する記事があれば読む

⑥専門用語や数字は覚えようとしなくていい

⑦どの面にどんな記事があるのかを覚える

⑧あまり読まない面を読んでみる

Q4 就職できなかった場合、派遣社員やフリーターでも大丈夫なんでしょうか？

A フリーターから正社員になる道は厳しいのが現実。正社員と非正社員の格差は大きい。

正社員に最もなりやすいのは新卒

働き方は人それぞれの生き方によるので、一概にどれが良いとは言い切れないが、新卒者なら、まずは正社員を目指したほうがいい。派遣社員やフリーターには自分の意思でいつでもなれるが、派遣社員やフリーターから正社員になることは難しいからだ。

国が企業に対して「卒業後3年以内の人は新卒者として扱う」という指導をしているが、それでも既卒者（就職浪人している人）や長期間離職している人は採用されにくいのが現実だ。中途採用になると前職での実績やスキルで合否が決まるために、選考はシビアになってくる。また、転職の際の業務経験は「正社員として」が大前提で、派遣社員やアルバイトでの経験はあまり評価されないのが実情だ。こうしたことを考慮すると、ポテンシャル（潜在能力）というあいまいな基準で採用される、新卒採用が最も簡単な正社員への道といえるだろう。

待遇面や仕事の面から見ても、正社員と派遣社員やフリーターでは大きな格差がある。正社員は勤務年数によって給与が上がるが、派遣社員やフリーターは時給計算で簡単には上げてもらえない。当然ながら昇進や、責任のある仕事を任せられることもない。「やりたい仕事なら派遣でもバイトでも構わない」と思って憧れの仕事に就いても、雑用しかできないということも考えられるのだ。

COLUMN

働くことに不安があるなら、インターンシップやOB・OG訪問を

働くことに不安があったり、就きたい仕事が見つからないと悩んでいる人は、インターンシップに参加してみよう。就業体験型であれば時間管理や人とのコミュニケーションの取り方など「企業の一員として働く」ことを、学生とは違う目線から経験できる。さまざまな業界・企業の現場を見ることができるのは、インターンシップの特権でもある。「就職活動に結び付ける」と堅苦しく考えずに、挑戦してはどうだろうか。新しい自分発見のきっかけを与えてくれるかもしれない。

OB・OG訪問で、自分と年が近い社会人から話を聞くのもいい。仕事の内容や働き方に加え、休みの日の過ごし方など生活スタイルも尋ねると、数年後の自分が働いている姿を想像しやすくなるはずだ。

働き方は、「何を優先させるか」で決めよう

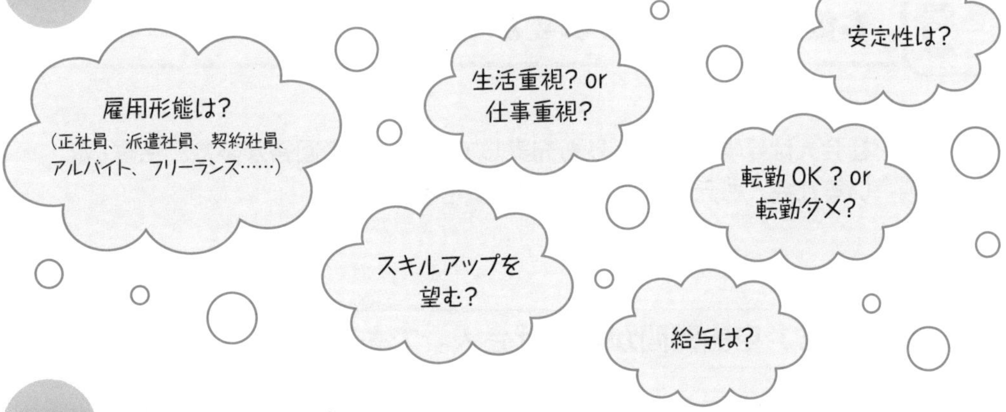

雇用形態による違いは何？

	正社員	派遣社員	アルバイト
仕事内容は？	会社のメイン業務から補佐業務まで幅広い	事前に決められた特定の業務	補佐業務が中心
転勤は？	総合職は原則ありだが、コロナ禍以降、在宅勤務の普及によって転勤のない企業が増えている	なし。ただ、派遣先が変われば当然、勤務する場所も変わる	なし
給与は？	安定的に支払われる。賞与（ボーナス）も原則支払われる	時給制のため、休みが多い月は減るなど不安定。	時給制
スキル習得は？	本人のやる気によって、さまざまなキャリアアップのためのスキル習得が可能	派遣会社の研修などを経験することで特定のスキル習得が可能	補佐業務が中心のため、キャリアアップのためのスキルを身に付けるのは困難
仕事の安定性は？	派遣社員やアルバイトなどに比べると安定的	契約期間が決まっているため、期間終了後は仕事があるかどうかは不明	いつまでも安定的に仕事があるとは言いがたい

正社員とフリーター、生涯賃金の差は約２億円！

一生に稼ぐ賃金（＝生涯賃金）が、いくらになるのか知っているだろうか。大卒新入社員の初任給の平均は月22万5400円（厚生労働省「令和３年賃金構造基本統計調査」）。その後、昇給や賞与（ボーナス）などがあることが多いので、60歳まで働いて稼ぐ賃金は、約３億円といわれている。

一方で、非正規社員の平均月収は21万6700円（同）。はじめは、フリーターなどのほうが月給は高いこともあるが、昇給やボーナスなどがないものとして計算すると、年収は260万400円。もし、22歳から60歳の誕生日までの38年間をフリーターとして働くと、生涯賃金は9881万5200円で、大卒後に正社員として入社した人との差は、なんと約２億円。正社員の半分にも満たない計算になる。

このような差を知ったうえで、卒業後にフリーターのような働き方を選ぶのは自由。しかし、知らずに安易な選択をすると、将来、自分を不安に陥れる要素の１つになりかねないことも覚えておきたい。

Q5 社会人は仕事だけの人生でつまらなそう。こんな私でも働くことはできますか？

A 社会人は「学生時代よりも充実している」との回答が多数。活躍している社会人も元は学生だったので安心を。

責任が増える、自由時間が減る社会人。でも充実

社会人を対象に「学生との違いは何か」を質問したアンケートでは、「責任感」（50.2%）、「自由に使える時間の有無」（20.3%）、「お金の有無」（11.6%）が上位に並んだ。「責任感」とは、仕事では与えられた業務を最後まで責任を持って取り組むことが求められ、社会では社会人としての行動規範が求められる。納税によって社会の一員としての自覚も芽生えるだろうし、家庭を持って子供が産まれれば育てる責任も生じる。

また、社会人になると、自由になる時間がなかなか取れない。1日の3分の1は仕事をしていることになる。ここまで見ると、社会に出て仕事をすることは何一つ楽しいことがなく、大変なことばかりと考えてしまう学生がいても仕方がないかもしれない。

ところが、社会人を対象に「学生時代と比べたときの社会人の充実度」を聞いたところ、「社会人のほうが充実」と「どちらかというと社会人のほうが充実」を合わせると約60%に上った。一方、「学生のほうが充実」「どちらかというと学生のほうが充実」は約20%にとどまった。社会人のほうが充実している理由としては、「経済的余裕」「仕事を通じて社会に貢献している実感」「時間を無駄に使わなくなった」などが挙げられた。

学生からは、社会人は「大変そう」「自由な時間が少なそう」などと見えるようだが、当人たちにはその大変さが「やりがい」になっている。また、自由に使える時間が少ないからこそ、空いた時間をうまくやりくりして「中身の濃い時間」を過ごせるようだ。

学生と社会人の最大の違いは？

「責任感」や「自由時間」など、学生と社会人の違いはいろいろだが、就職活動の際に学生が見落としがちなことが1つある。それはサービスを受ける側から提供する側へと、立場が逆転することだ。学生は「（学校に）お金を支払って教育を受ける立場」にいる。しかし、社会に出て働けば、お金をもらう代わりに労働（サービス）を提供する立場に変わる。そのため、自分のやりたいことや成長より顧客（消費者・取引先企業）や会社の要望が優先される。

個人として学生と社会人の違いを見れば、責任感や時間、お金となるだろうが、会社側から見れば、お金を払う消費者からお金をもらう労働者に変化するのである。この点を十分に理解しておきたい。

学生より社会人のほうが充実！（社会人を対象にしたアンケート調査より）

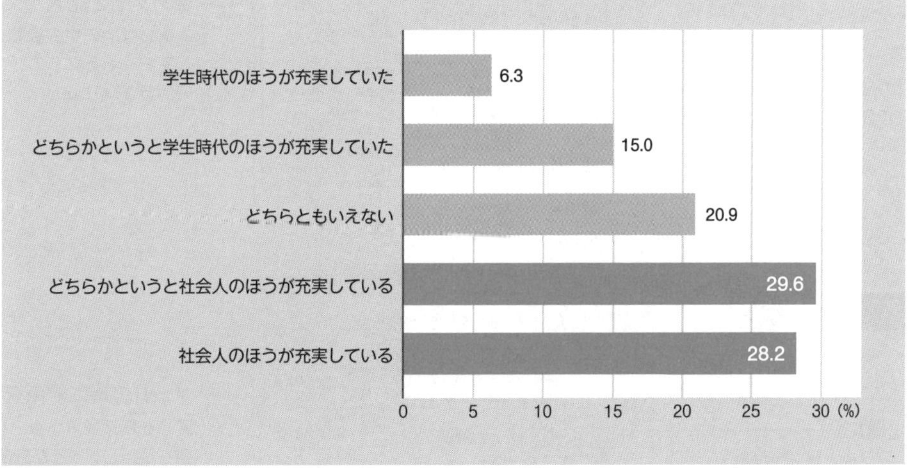

●調査概要：編集部が調査会社を通じ、全国の社会人経験3年以上10年未満の会社員を対象にインターネットで調査。206人から回答を得た。学歴は大卒以上で、年齢は25～35歳。

巻末特集 スタディスキル ～学びの技術を身に付けよう～

1. ノートの取り方

ここでは、先輩3人（大学生）のノートの実例を紹介する。自分なりのノートの取り方を確立するために、「要点を分かりやすくまとめる」「復習しやすい内容となるよう心がける」など参考にしてみよう。

文系 Aさん

【法学ノート】

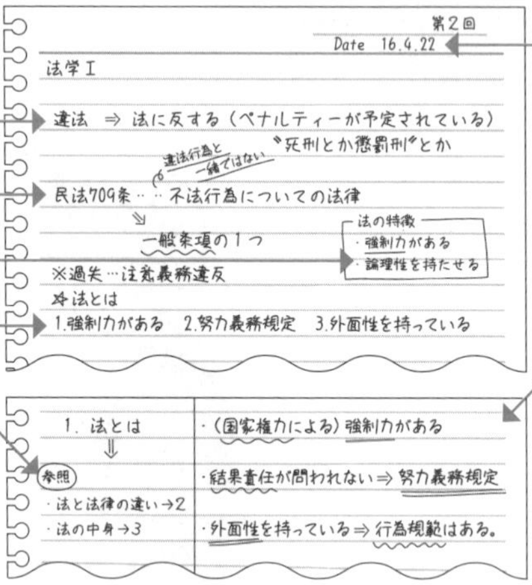

日付は必ず記す
いつの授業で何がテーマだったかが分かるように記入。授業に入る前は、前回の講義内容をノートで必ずチェック。

重要語句のみを書く
先生が繰り返し述べる語句のみを記入。特に重要だと思われるものは☆印を付ける。

「要点まとめノート」作成
重要語句の拾い忘れはないか、友人のノートとすり合わせながら復習。

教科書の参照ページを記入
ノートと教科書をすぐに参照できるようにすると、見直ししやすい。

文系 Bさん

【法学ノート】

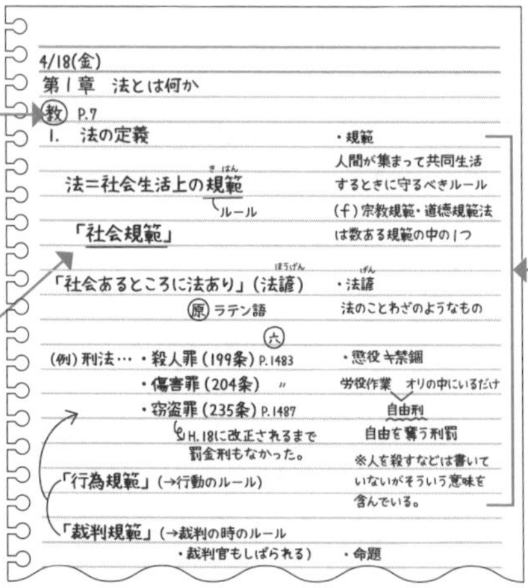

教科書のページを入れる
教科書のどのページのことか、見返すときのためにページ数は必ず入れる。

講義テーマは下線を
その日の講義テーマには下線を引いておく。

自分メモを記入
板書しない先生の講義をメモしておく。テストのときはこの部分が役立った。

理系 Cさん

【基礎無機化学ノート】

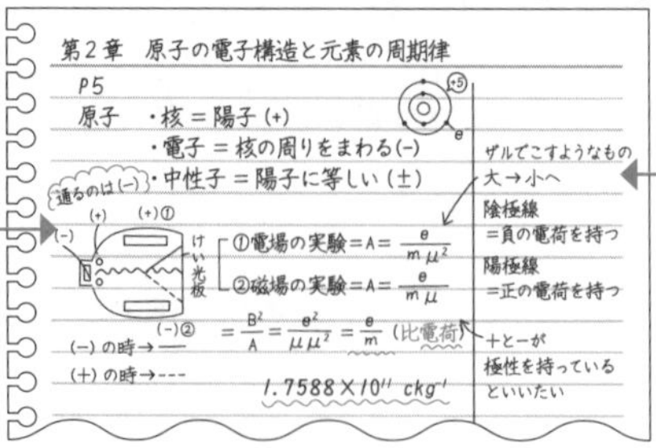

ノートの端に要点を
要点を別途書き込み、講義内容を理解しているか確認。

図も正確に
図を正確に描くことで理解も深まる。

2. 情報収集の仕方（資料・文献の探し方）

授業や試験では、頻繁にレポート提出が要求される。レポートとは、あるテーマについて情報を集め、それらを基に自分なりの意見や分析、提案などをまとめるもの。読書感想文などとは性質が全く異なる。まずは情報収集がカギだ。

●文献の種類、探し方、注意点

▶一次情報・資料を探す

レポートをまとめるには、根拠となる正確な資料や情報が必要になる。できるかぎり「一次情報・一次資料」を探そう。これは、当事者に対して直接取材して得た情報や、論文などの原文、統計の基データなどオリジナルの資料のこと。それらを基に新たに作られた資料は「二次資料」という。

▶公的機関の情報を基にする

文献を探すには学校や自治体の図書館を利用したり、購入したりする。文献には書籍のほか、雑誌論文、新聞、統計資料などがある。テーマで重要なキーワードを手がかりにするなどして、自分に必要なものを集めよう。

インターネットを利用するなら、官公庁や都道府県庁などのサイトの信頼性が高い。公式に調査した統計や白書などが公表されている。

▶参考文献リストを活用する

文献を入手したら、巻末などに列記されている「参考文献」のリストを見てみよう。たいていの場合、その文献の基となった資料が列記されているので、そこから必要な文献を探していくことができる。

●図書館利用法

▶情報検索のために大いに活用しよう

図書館は、NDC（日本十進分類法：大まかな分類から細かい分類へと10ずつの項目に細分していく方法）というルールで書籍が分類されている。この分類を参考に書架を探そう。 全蔵書カタログをデータベース化した「OPAC」というサービスを使って検索できる仕組みもある。

また通常、図書館では各新聞の縮刷版や記事検索のデータベースを備えているので、新聞を読んだり情報検索をしたりするときに利用したい。

⚠ インターネット資料の注意点

インターネット検索は簡単で便利だが、得た情報を資料として使う場合には十分注意しよう。「まとめサイト」や個人のブログなどは、他のサイトからの無断転用が多く、信ぴょう性も薄いので引用しないこと。Wikipediaも信頼性においては不十分だ。個人的に参考にするならまだしも、それを資料として引用するのは控えよう。もちろん、研究者や専門家、官公庁、企業など、信頼できるサイトもある。ただしそこから引用する場合には、著作権保護のため先方への許可申請が求められることが多いので気を付けておきたい。

さらにURLが変更されたり、サイト自体がなくなったりすることも少なくない。信頼できる資料を用いるように心掛けよう。

3. レポートの書き方

レポートは、あるテーマに関して論点をまとめて批評・検証したり、自分なりに問題を設定し、根拠となるデータをもとに主張を展開し、結論まで導くという形式が基本。論理的に文章を構成していくことが大切だ。

表紙例

20XX 年○月×日

児童教育学概論
（水曜日 3 限）
担当教員：田中太郎

早期英語教育における現状と問題点
～異文化コミュニケーションの事例を通して～

教育学部教育学科　1 年
学籍番号：123456
山田健太

タイトルは大きく、サブタイトルは小さめ

タイトルが決まっていればそのタイトルを入れる。課題から自分で調査・報告する場合は、自分の考えた内容にふさわしいタイトルをつける。タイトルのフォント（書体）は、見やすく大きく入れる。サブタイトルがある場合には、メインタイトルより小さくする。

名前や学籍番号を忘れずに

学部・学科・専攻、学籍番号と名前を忘れずに入れる。ケース・バイ・ケースだが、通常は下に書くことが多い。大学で決められた表紙形式があればそれに従うこと。

レポートの約束事

- 感想文ではない。理論立てて客観的な視点でまとめる
- 論理を展開するために必要なデータや証拠を提示する
- 自分の主張を論理的に提示する
- いきなり書き始めず、構成や展開など組み立てを考えてから書く
- 序論、本論、結論の三部構成で考える
- 「ですます」調ではなく「である」調。話し言葉は不可
- 1枚目に表紙、以降レポート、最後に参考文献リストをつける
- 引用する場合は、他者の文章であることを明記する
- 必ず読み返して誤字脱字をチェックし、文章を推敲《すいこう》する
- 書き方の指定がある場合には、必ずそのルールに従う
- 提出期日を守る

三部構成が基本

ある程度の長さのレポートを書く場合には、基本的に「序論」「本論」「結論」という三部構成にするとまとめやすい。

序論――どんな問題に取り組み、どのような展開をするかという導入部分。序論で結論を簡潔に述べるとよい。
本論――主張や結論を導く根拠を固めるために、事例や引用などとともに少しずつ論理を積み上げていく。
結論――本論で展開した内容を受けて、最終的にどのような結論を導いたのかをまとめる。

上記3つの要素を頭に入れておこう。根拠を提示しながら、客観的な視点で説明することが大切だ。

1．はじめに
文部科学省が2017年(平成29年) 3月31日に学校教育法施行規則の一部と小学校学習指導要領の改訂を行った。改訂では小学校中学年から外国語活動を導入し、「聞くこと」「話すこと」を中心とした活動を通じて外国語に慣れ親しみ、高学年になったら段階的に「読むこと」「書くこと」を加えて総合的・系統的に外国語を学び、中学校への接続が目的とされた。日本人は長年英語を学習してきたにもかかわらず、英会話を苦手とする人があまりにも多い。これは「受験英語」の弊害であると推測できる。早期英語教育にはメリットと同時にデメリットが発生することも考えられるのだ。
本レポートではいくつかの事例を元に分析し、早期英語教育が子どもたち、さらにはその親や教員たちに与える影響を考察する。

2．「外国語活動」の問題点
主に私立などの小学校から高校までの一貫校であれば、一定の知識レベルの生徒が集まっていることが多いが、たとえば、公立でさらに学区制のある地域の小学校の場合、生徒たちの知識差や学習能力はまちまちである。
特に低学年となれば日本語能力においても未熟な場合があり、そこでたとえ簡単な学習方法を取り入れたとしても、□□……………

3．受験英語とコミュニケーションとの違い
前章で述べたように、「英語」がコミュニケーションの道具として使われるような教育がなされれば、子どもたちの目の前の世界は大きく広がるが、デメリットとして挙げたように「受験英語」となった場合、それはコミュニケーションの道具ではなく、進学のための「技術」であり、□□□…………………

【参考文献リスト】
日経花子(2021)『英語の力を積み上げるスキル』(×××出版　p.55 ~ 60)
日経太郎・日経京子編(2018)『世界の外国語教育　第3章　アジアの英語教育』(×××大学出版会)
文部科学省ホームページ『平成29・30・31年改訂学習指導要領(本文、解説)』
(https://www.mext.go.jp/a_menu/shotou/new-cs/1384661.htm)
日経HR大学ホームページ・研究資料『子供の認知と言語能力との関係についての考察』(http://www.nikkeixxx.ac.jp/research/content/161209-1.pdf)

内容例

序論では、テーマと結論を簡潔に述べる

構成としては序論（はじめに）、本論、結論の三部構成にしたほうが書きやすいし、読む側にも伝わりやすい。序論では設定したテーマを示し、その展開と結論を簡潔に述べ、これからどのような根拠をもとに主張が展開していくのかを予告しておく。与えられたテーマの範囲が広い場合（「今後の日本経済について」など）には、なぜこのテーマに絞り込んだのかという理由があってもよい。

主張の根拠となる参考文献

どのような情報をもとに考察したのかを明示するため、参考文献リストが必要。たいていの場合、同テーマについて先行する論文や書籍があり、それらを踏まえて論理を展開していくことになる。

※参考文献リストの詳細は次ページ参照。

引用のルール

◉引用先をきちんと示す

引用とは、他者が書いた文章を自分のレポートや論文などに用いること。ただし、まったく同じ文章をコピー＆ペーストして、さも自分の書いたもののようにすると、「剽窃《ひょうせつ》」や「盗用」とされ、厳重注意や処罰があることも。ただし、「 」つきなどの方法で、誰の何という著作や記事、論文から引用したことを明記すれば使用できる。引用の長さに厳密なルールがあるわけではないが、あまりにも長文を「引用」すると、文字数を稼いでいると思われることもある。また、著者に許諾を得なければならないケースもある。

■「～によると」パターン

～文部科学省の「平成27年度 文部科学白書」によると、同省では「1.言語活動や理数教育の充実などを図った学習指導要領の着実な実施とフォローアップ、2.教職員定数の改善や、教職員の資質向上によるきめ細かな指導体制の整備」などについての取り組みの強化を図るとしている。～

■「 」による明示パターン

「言語能力の習得が未熟な幼児に対して、母国語以外の言語も教えることが必ずしも良いことではないという現実も実体験として経験してきた。」
(日経花子著『児童教育のルール』より引用)

■ 間接的に引用を明示するパターン

児童教育の第一人者である日経花子氏は、著書『児童教育のルール』の中で、言語能力の習得が未熟な幼児に対して、母国語以外の言語も教えることが必ずしも良いことではないという現実に直面したことを述べている。

3. レポートの書き方（続き）

参考文献リスト

【参考文献リスト】

太田●●子（2020）『児童教育のルール』　××書房
木下△子（2017）『英語の力を積み上げるスキル』　×××出版

斉藤●雄・青木△男編（2011）『世界の外国語教育』
「3章　アジア各国における英語教育」×××大学出版会

村田◆子（2019）『子供の認知と言語能力との関係についての考察』
「2.子どもが言語を習得するまでの過程」p.14-18

吉田■■（2021）「子供はどうやって言語を習得するか」
××教育社　月刊児童教育4月号　p.120-122

文部科学省ホームページ『小学校学習サイト』
http://www.mext.go.jp/a_menu/shotou/gaikokugo/
2022/12/12閲覧

リストは著者の五十音順。書名や出版社、発行年を明記

参考にした書籍や資料については、「参考文献リスト」として最後にまとめて五十音順に列記するのが基本ルール。ただし、参考文献リストの書き方を指定された場合については、指示に従うように。

一般的には、著者名を最初に挙げ、発表（または出版）年を西暦の半角数字でカッコ書きにする。書籍名などは『 』（二重かぎかっこ）。著者や編者が複数いる場合には・でつなぐ。書籍や資料の表記に合わせておけば問題ない。

雑誌や他者の論文からの引用も可能

他者の論文を参考とする場合、論文名は『 』、参考にした部分のタイトルは「 」、さらに章やページ数を明記する。雑誌を参考にしたなら、その雑誌の出版社名と雑誌名、論文のタイトルとページ数を書く。

インターネットの情報は要注意

インターネットの情報は信頼できないものも多いので、引用に否定的な指導者もいる。ただし官公庁が発表した白書や調査報告は、公的資料として参考にすることは可能。サイト名とURL、閲覧日を列記する。公式発表されているものでも許可が必要な場合があるので、確認しておく必要がある。

レベルアップのカギ 1

◉問いを立てて章ごとにアウトラインを

テーマが決まったら、それにまつわる「問い」を立て、資料を参考にしながら回答を考えていく方法がオススメだ。関連する文献に当たると、派生して新しい問いが生まれてくることもよくあるので、今度はその問いに対しての回答を探す。こうした問いと回答の組み合わせをノートなどにまとめていくと、自分が何をどのように主張したいのかが見えてくるはず。さらに話題の取捨選択をし、章ごとのアウトライン（概要）を考えよう。

レベルアップのカギ 2

◉主張するには根拠が必要

自分が感じたり思ったりしたままを書き連ねても、相手には伝わらない。大切なのは主張と根拠がセットであること。その主張に至ったのかを示すために、事実やデータの提示が欠かせない。

◉事実と意見の記述を区別する

事実とは、誰でも分かり調査などで確認できること。表記する場合は「○○○である」「○○○であるといわれている」などと記述。一方意見は、自分の判断や考えなので、「○○○だと考える」と記述するといい。

4. 良い発表の仕方

ゼミなどでは自分の研究や調査、意見などを口頭で発表する機会も多い。言葉で説明する場合もレポート作成と同じく、「序論→本論→結論」の三部構成になるように準備しておこう。

※「パワーポイント」は、マイクロソフト社のプレゼン用ソフトのこと

●発表資料の準備 ～パワーポイント スライド作成の留意点～

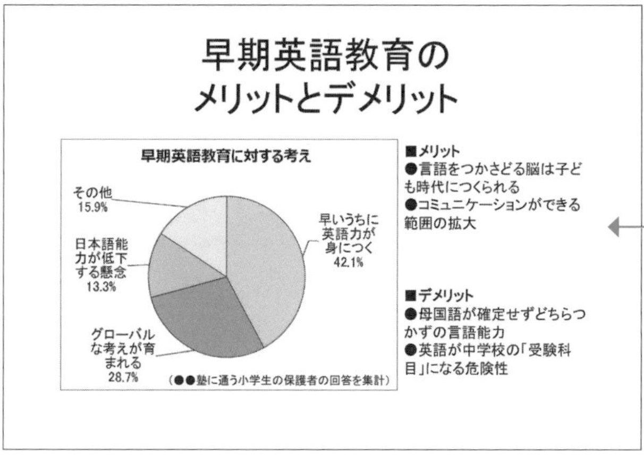

- ●発表のサポート資料。詳しく書く必要はない。
- ●説明したい事柄のテーマや重要項目や図を大きく。
- ●文章は、簡潔に箇条書きで。
- ●説明2～3分につき、1枚程度を使用するペースで。
- ●発表時は、書いたことの読み上げに注力しないように。

●配布資料（レジュメ）の役割と作り方

配布資料（レジュメ）は、発表内容を簡単にまとめたもの。何枚にもわたる場合には、まず全体の流れを箇条書きなどで示してその順に内容をまとめるが、あくまでも発表内容の要約が基本だ。口頭で説明しにくい図表なども示しておこう。ワードで作成したものでもいいし、発表資料として準備したスライドを縮小して（例：A4用紙1枚分にスライド4枚分を掲載）配布してもいい。

●良い発表のコツ

発表者

◆テーマと構成を考える
◆分かりやすいレジュメを作成
◆資料の枚数は少なめに（多いと読んでもらえない）
◆念のため、レジュメは必要部数より多く用意する
◆事前にリハーサルを行う
◆予想される質問と回答を準備しておく
◆制限時間を厳守
◆早口にならず、聞き手の反応を見ながらゆっくり大きな声で
◆大切な部分は、抑揚をつけたり繰り返したりする
◆質疑応答の時間を必ず設ける
◆分からないことにはその場で適当に答えず、後日調べて説明する

聞き手

まず、相手の発表をしっかりと聞こう。通常は質疑応答の時間が用意されているので、途中で口を挟んだり、意見や批判を述べたりしてはいけない。聞いている間は、メモを取りながら質問を考えておこう。また聞き手には、意見を出しながら議論を前に進める役割もある。そのためには、「この説明はどういう意味だろう。根拠は何だろう」という批判的な視点をもち、かつ客観的な意見を話せることが重要だ。

ディスカッションのコツ

ディスカッションは相手を否定し、やりこめることではない。意見が異なっても感情的にならず、自分の考えをきちんと筋道を立てて説明する必要がある。また、対立を恐れて納得がいかないのに安易に同調することも無用だ。発表者も聞き手も、質疑応答に備えてしっかりと準備をしておこう。

■記入用ワークシート類のダウンロードについて

［WEBよりダウンロード可］は、弊社ウェブサイトより記入用ワークシート類のPDFファイルをダウンロードすることができます。そのまま授業で配布し、活用できる仕様になっています。

【日経HR　ウェブサイト画面】

1. 日経HRのウェブサイトにアクセスしてください。
   https://www.nikkeihr.co.jp/
   ↓
2. 画面上部もしくは中央の「キャリア支援コンテンツ」から「日経HRの出版物」の「>詳しく見る」をクリックしてください。
   ↓
3. 出版物の一覧ページが表示されます。『学生生活でやっておきたいこと　学就BOOK【改訂第5版】』の書名部分や表紙画像などをクリックしてください。
   ↓
4. 『学生生活でやっておきたいこと　学就BOOK【改訂第5版】』の個別ページが表示されます。「記入用ワークシート類　ダウンロードはこちらから」をクリックするなどして、ダウンロードしてください。

(注) ZIPファイルに圧縮されているため、解凍ソフトで解凍してお使いください。PDFファイルを閲覧するためには Adobe Acrobat Reader が必要です。

学生生活《がくせいせいかつ》でやっておきたいこと
学就《がくしゅう》BOOK 改訂《かいてい》第《だい》5版《はん》

●発行日　2008年 3月13日　初版　第1刷
2009年12月14日　改訂版　第1刷
2011年 5月25日　改訂第2版　第1刷
2013年 9月20日　改訂第3版　第1刷
2017年 2月15日　改訂第4版　第1刷
2023年 3月20日　改訂第5版　第1刷
●編著者　日経ＨＲ編集部《にっけいえいちあーるへんしゅうぶ》
●発行者　齋藤 惠
●発　行　株式会社日経ＨＲ
〒101-0045　東京都千代田区神田鍛冶町 3-6-3
https://www.nikkeihr.co.jp/
●発　売　株式会社日経ＢＰマーケティング
●診断作成協力　株式会社ネクストエデュケーションシンク
https://www.nextet.net/
●編集協力　上田里恵
●表紙・本文デザイン　荒川道子
●表紙・本文イラスト　アライヨウコ
●印刷・製本　大日本印刷株式会社

ISBN978-4-296-11763-5　C2034

本書に関するお知らせや訂正情報などは、小社 Web サイトで公開します。
本書の内容に関するご質問は、以下のアドレスまでお願いします（お電話では受け付けておりません）。
book@nikkeihr.co.jp

乱丁本、落丁本はお取り替えいたします。